Fabian Stepanek heißt in Wirklichkeit anders. Aufgewachsen im Ruhrgebiet, absolvierte er nach kaufmännischer Lehre und Abitur auf dem zweiten Bildungsweg ein sozialwissenschaftliches Studium und übernahm anschließend lokaljournalistische Aufträge. Seit über fünfzehn Jahren ist er in Berlin als politischer Korrespondent tätig und in diesem Rahmen auch Gast in Diskussionsrunden und Talkshows.

Fabian Stepanek

Wo die AfD recht hat

... und warum sie trotzdem Brandstifter sind

GEMINI

GEMINI

ISBN 978-3-95841-100-5
1. Auflage

Alexanderstraße 1
10178 Berlin
Tel. 01805/30 99 99
FAX 01805/35 35 42

Umschlaggestaltung: BEBUG mbH, Berlin
Umschlagabbildung: © picture alliance / NurPhoto
Druck und Bindung: CPI Moravia Books

www.buchredaktion.de

Inhalt

Vorwort

Eigentlich geht es uns doch gut in Deutschland. Die Wirtschaft hat die Finanzmarkt- und Euro-Krisen überraschend gut überstanden und ist nach wie vor auf Wachstumskurs. Die Beschäftigungsquote erreicht immer neue historische Höchststände, die offiziell registrierte Erwerbslosigkeit geht entsprechend zurück. Die Steuereinnahmen sprudeln, und hier und da fallen sogar ein paar Brosamen für »die da unten« ab, wie zum Beispiel der gesetzliche Mindestlohn, der für Millionen Menschen besonders in Ostdeutschland eine materielle Verbesserung bedeutet.

Dennoch scheint das Land derzeit von tiefer Zerrissenheit erfasst worden zu sein. Und das betrifft nicht nur die immer weiter auseinanderklaffende Schere zwischen Arm und Reich, sondern grundlegende Fragen zur Verfassung unserer Gesellschaft und zur nahen und ferneren Zukunft unseres Landes. Die Flüchtlingskrise und ihre Folgen waren der Katalysator für eine Bewegung, mit der sich Menschen artikulieren, die das Gefühl haben, von der Politik und den mit ihr eng verbundenen Wirtschafts- und Funktionseliten nicht mehr gehört und nicht einmal mehr wahrgenommen zu werden.

Zwar hat die Flüchtlingskrise, die 2015 zu einer weitgehend unkontrollierten Zuwanderung von rund einer Million Menschen aus anderen Kulturkreisen führte, in der öffentlichen Wahrnehmung ein wenig an Brisanz verloren, weil der Zustrom mittlerweile eingedämmt werden konnte. Doch die Verunsicherung bis hin zur Wut auf die herrschenden Zustände liegt wesentlich tiefer und hat teilweise fundamentalen Charakter.

Augenfälliger Ausdruck dieser großen gesellschaftlichen

Verunsicherung ist das schnelle Erstarken einer neuen Partei, der Alternative für Deutschland (AfD), die seit 2014 scheinbar unaufhaltsam von Wahlerfolg zu Wahlerfolg eilt. Die etablierten Parteien reagierten quasi unisono mit einer Mischung aus Hilflosigkeit, blankem Entsetzen und pauschaler Ausgrenzung und Diffamierung. Dass sie damit dem Bewusstsein vieler AfD-Anhänger von den »Systemparteien« und dem »Machtkartell gegen das Volk« weiter kräftig Futter gaben, fiel ihnen – wenn überhaupt – ziemlich spät auf. Und auch die Sozialarbeiter-Nummer, den »verwirrten« und sich abgehängt fühlenden AfD-Wählern ein paar kleine Wohltaten zu offerieren, um sie von ihrem schändlichen Wahlverhalten abzubringen, lief bislang offenbar ins Leere. Zumal der durchschnittliche AfD-Wähler weder ungebildeter noch ärmer als der Durchschnitt der Bevölkerung ist.

Die AfD ist das, was man gemeinhin eine Protestpartei nennt. Sie ist äußerst heterogen und teilweise zerstritten. Sie ist auch ein Magnet für zwielichtige Gestalten und Glücksritter, die ihre Chance wittern, ins warme Nest der gut alimentierten Berufspolitik zu gelangen. Unter ihrem Dach versammeln sich auch Strömungen, die aus ihrer Nähe zum Gedankengut des Nationalsozialismus keinen Hehl machen und den Schulterschluss mit entsprechenden Gruppen außerhalb der Partei suchen.

Da gibt es nichts zu beschönigen oder zu relativieren. Aber es ist eben nur ein Aspekt – wenn auch ein recht gewichtiger – bei der dringend notwendigen nüchternen Beschäftigung mit der AfD und ihren Anhängern und Wählern. Denn die Partei stellt Fragen, die in den letzten Jahren weitgehend tabuisiert wurden. Sie formuliert gesellschaftliche Leitbilder und stellt konkrete Forderungen, die in der »Vor-Merkel-Zeit« auch in der CDU diskurs- und teilweise mehrheitsfähig waren. Sie wendet sich vor allem gegen das Dogma der vermeintlichen Alternativlosigkeit der herrschenden Politik.

Man macht es sich zu einfach, wenn man das alles als reaktionär, rassistisch oder gar rechtsextremistisch brandmarkt. Erstens nutzt das nichts und bewirkt eher das Gegenteil, und zweitens ist es in dieser Pauschalität schlicht falsch. Vor allem verhindert es eine sicherlich schmerzliche, aber dringend notwendige Diskussion über den Zustand unserer Gesellschaft, über die Kluft zwischen den Eliten und dem »einfachen Volk«, über Diskrepanzen zwischen gefühlter und medial vermittelter Realität. Man darf, ja, man muss die Frage diskutieren, ob der Islam »zu Deutschland gehört«. Und es ist auch kein antidemokratisches Sakrileg, wenn man die Integration in eine zunehmend zentralistischer agierende Europäische Union, die Sinnhaftigkeit des Euro und ein aggressives westliches Militärbündnis wie die NATO in Frage stellt. Man darf nicht ignorieren, dass es ein wachsendes Unsicherheitsgefühl in Bezug auf Kriminalität und terroristische Bedrohungen gibt. Und man muss akzeptieren, dass weder eine heimatbezogene Identität noch die Ablehnung der »gegenderten Gesellschaft«, die sich die Überwindung der traditionellen Familie und die Eliminierung der Geschlechterunterschiede zum Ziel gesetzt hat, per se »rechtsextremes Gedankengut« sind.

Das sind nicht die einzigen Fragen, die in einem demokratischen Aushandlungsprozess beantwortet werden müssen. Dass es bei so einem Prozess auch Grenzen geben muss, die nicht überschritten werden dürfen, sollte ebenfalls klar sein. Das Grundgesetz mit seinen Freiheitsrechten und Diskriminierungsverboten bietet dafür einen angemessenen Rahmen, der ausreichend Spielraum für neue Ansätze gewährt. Solange sich die AfD und ihre Anhänger in diesem Rahmen bewegen, sollten sie als Teil einer demokratischen

Gesellschaft wahrgenommen und entsprechend behandelt werden. Auf der anderen Seite sollte klar sein, dass Fremdenhass, Antisemitismus, eine Relativierung der Verbrechen in der NS-Zeit oder das Bestreben, »undeutsche Kultur« aus dem öffentlichen Leben zu verbannen, keinen Platz in einer demokratischen Gesellschaft haben dürfen. Äußerungen von führenden AfD-Politikern und einige Aktionen und Losungen ihrer Anhänger machen deutlich, dass die AfD da noch einige Hausaufgaben zu erledigen hätte, wenn sie es denn überhaupt will. Dabei wird der Ausgang des innerparteilichen Machtkampfes mittelfristig eine entscheidende Rolle spielen.

Doch auch wer als Nicht-Anhänger der AfD deren Programm liest, wird – womöglich überrascht – feststellen, dass dort einiges steht, was schlicht richtig oder wenigstens diskussionsfähig ist. Einiges erscheint dagegen nebulös oder seltsam rückwärtsgewandt. Und bei sozialen Fragen geht die AfD teilweise auf frontalen Konfrontationskurs gegen die vielbeschworenen »kleinen Leute«. Dazu kommt, dass viele Landesverbände programmatisch ihr eigenes Süppchen kochen, indem sie sich zum Beispiel – anders als die Bundespartei – gegen den gesetzlichen Mindestlohn aussprechen.

Das Programm, aber auch die politische Praxis der AfD sachlich und ohne Schaum vor dem Mund zu analysieren und zu bewerten, um eine einigermaßen rationale Diskussion zu befördern, ist eines der Anliegen dieses Buches. Damit landet man in der derzeit enorm aufgeheizten Atmosphäre aber ziemlich sicher zwischen allen Stühlen. Daher sei mir zum Abschluss dieses Vorworts eine persönliche Bemerkung gestattet: Ich schreibe dieses Buch nicht unter meinem richtigen Namen, sondern unter einem Pseudonym. Ich habe weder als Privatperson noch im Zusammenhang mit meiner journalistischen Tätigkeit das Bedürfnis, nach dem Erscheinen dieses Buches von der einen Seite als »Rassist« oder »Steigbügelhalter der Nazis« tituliert zu werden, wie es einem bei jeglichem Versuch der differenzierten Betrachtung der AfD und ihrer Anhänger mit Sicherheit widerfährt. Auch auf die von der anderen Seite gern vergebenen Kennzeichnungen wie »Lügenpresse« oder »Volksverräter« bin ich nicht sonderlich erpicht, zumal ich sie bereits zur Genüge erlebt habe. Ich möchte meine Arbeit auch nach diesem Buch ohne derartige Beeinträchtigungen fortsetzen können. Dass man aus reinem Selbstschutz in einer eigentlich selbstverständlichen Debatte auf eine »Tarnung« zurückgreifen muss, legt ein beredtes Zeugnis für die verkommene politische Diskussionskultur in diesem Land ab.

Die neue Partei

Wie alles anfing

Als im Juli 2012 eine Gruppe von 172 Wirtschaftsprofessoren einen Brandbrief gegen die geplante »Euro-Rettung«[1] mit ihren Milliardenrisiken für die deutschen Steuerzahlen veröffentlichte, konnte wohl niemand ahnen, dass dies die Keimzelle für eine der größten Umwälzungen in der bundesrepublikanischen Parteienlandschaft sein würde. Aus der Kritik der liberalen Ökonomen, deren prominentester Vertreter Bernd Lucke war, entstand im Februar 2013 eine Partei, die sich nach heftigen Richtungskämpfen schließlich als eine Art Fundamentalopposition gegen die herrschende Politik formierte und rasch beträchtlichen Zulauf verzeichnen konnte. Zwar scheiterte die Alternative für Deutschland (AfD) im September 2013 bei der Bundestagswahl mit 4,7 Prozent knapp an der Fünf-Prozent-Hürde, doch spätestens bei der Europawahl im Mai 2014 war der Bann gebrochen. Die AfD erzielte 7,1 Prozent der abgegebenen Stimmen und zog mit sieben Abgeordneten in das Europäische Parlament ein. Neben Lucke gehörten auch der frühere Präsident des Bundesverbands der Deutschen Industrie (BDI), Hans-Olaf Henkel, und der Ökonom Joachim Starbatty, der federführend für die Klagen gegen die »Euro-Rettung« beim Bundesverfassungsgericht zeichnete, dazu. Doch auch eine andere, damals noch minoritäre Strömung war vertreten. Beatrix von Storch und Marcus Pretzell repräsentierten den nationalkonservativen Flügel der Partei, der von vornherein den Schulterschluss mit neuen Bürgerbewegungen wie PEGIDA anstrebte.

Im gleichen Jahr zog die AfD bei den Landtagswahlen in Brandenburg, Sachsen und Thüringen mit Ergebnissen zwischen 9,7 und 12,2 Prozent in die Parlamente ein. Doch der zunehmend eskalierende Konflikt zwischen dem wirtschaftsliberalen und dem nationalkonservativen Flügel war nicht mehr zu kitten. Nach einem mehrmonatigen, offenen Machtkampf, der auch zur Spaltung der Fraktion im Europäischen Parlament führte, wurde schließlich am 4. juli 2015 Frauke Petry auf dem Bundesparteitag in Essen in einer Kampfabstimmung gegen Bernd Lucke zur neuen Parteisprecherin gewählt. Lucke und mit ihm die wichtigsten Vertreter des wirtschaftsliberalen Flügels verließen bald darauf die AfD.

Doch während die »Altparteien« und mit ihnen die deutschen »Leitmedien« nunmehr einen schnellen Niedergang der AfD prophezeiten, entwickelte sich diese zum Bezugspunkt für Millionen von enttäuschten und wütenden Bürgern, die sich von der herrschenden Politik nicht vertreten und noch nicht einmal angehört und ernst genommen fühlten. Entscheidender Faktor dafür war sicherlich die Flüchtlingskrise, die im Jahr 2015 zu einer weitgehend unkontrollierten Zuwanderung von rund einer Million Menschen führte. Das Mantra von Bundeskanzlerin Angela Merkel (»Wir schaffen das«) und die Unterstützung der damit einhergehenden Politik durch alle Parteien (mit Ausnahme der bayerischen CSU) wurde zur zentralen Konfliktlinie in der deutschen Gesellschaft. Und während die »Leitmedien« noch über den »braunen Osten« schwadronierten, zog die Partei im März 2016 in den eher strukturkonservativen westdeutschen Flächenländern Baden-Württemberg und Rheinland-Pfalz mit 15,1 beziehungsweise 12,6 Prozent der Stimmen in die Landtage ein. Dies war für die »Altparteien« fast noch beunruhigender als die weiteren Erfolge in

Ostdeutschland, wo die AfD in Sachsen-Anhalt und Mecklenburg-Vorpommern mit 24,3 beziehungsweise 20,8 Prozent jeweils zur zweitstärksten Partei avancierte. Auch bei den Wahlen zum Berliner Abgeordnetenhaus im September 2016 setzte sich diese Entwicklung fort. Zwar erreichte die Partei in der Gesamtstadt »nur« 14,2 Prozent, doch in den Ostbezirken gaben rund 20 Prozent der Wähler ihre Stimme der AfD.

Der Höhenflug scheint mittlerweile etwas abgebremst zu sein. Im Saarland, in Schleswig-Holstein und in Nordrhein-Westfalen zog die AfD zwar ebenfalls in die Landtage ein, allerdings nicht mit Stimmanteilen, wie sie noch vor wenigen Monaten prognostiziert wurden. Auch bei den Prognosen zur Bundestagswahl ist seit März ein Abwärtstrend zu verzeichnen, ohne dass der Einzug in den Bundestag ernsthaft in Frage steht.

Neue politische Rahmenbedingungen

Dafür gibt es mehrere Gründe. Zum einen wird die AfD – wie schon vor zwei Jahren – von heftigen Flügelkämpfen geschüttelt. Dabei geht es sowohl um Macht und Posten, aber auch um die inhaltliche Ausrichtung der Partei. Im Mittelpunkt steht dabei der Thüringer Fraktionsvorsitzende Björn Höcke. Gegen ihn hat die Parteisprecherin Petry mit der Mehrheit des Parteivorstands im Rücken ein Parteiausschlussverfahren in Gang gesetzt, nachdem Höcke im Januar in einer Rede in Dresden[2] die Holocaust-Gedenkstätte in Berlin als »Denkmal der Schande« bezeichnete und eine »erinnerungspolitische Wende um 180 Grad« forderte. Doch viele Landesverbände und auch prominente Amtsträger wie die AfD-Fraktionsvorsit-

zenden von Brandenburg und Sachsen-Anhalt, Alexander Gauland und André Poggenburg, lehnen einen Parteiausschluss entschieden ab.
Auch die politischen Rahmenbedingungen haben sich für die Partei geändert. Die Flüchtlingskrise hat an Dramatik verloren. Durch die Schließung der »Balkanroute« und das Flüchtlingsabkommen mit der Türkei ebbte der Zustrom weiterer Flüchtlinge 2016 und 2017 deutlich ab. Auch hat die Regierung partiell offenbar erfolgreiche Schritte unternommen, um den zentralen Forderungen der AfD und ihrer Anhänger entgegenzukommen. Es gab mehrere Verschärfungen des Asylrechts und vor allem der Abschiebepraxis. Zudem gelang der SPD mit der Nominierung von Martin Schulz als Spitzenkandidaten für die Bundestagswahl ein regelrechter Coup. Mit seiner – bislang allerdings wenig inhaltlich unterfütterten – Schwerpunktsetzung auf »soziale Gerechtigkeit« und »Politik für die kleinen Leute« traf Schulz einen Nerv in der Gesellschaft, der durchaus taugen könnte, potentielle AfD-Wähler zurückzugewinnen. Zumal Schulz als bisheriger Spitzenpolitiker auf EU-Ebene in gewisser Weise als »unbelastet« gilt, da er nicht in das Regierungshandeln der Großen Koalition unter Führung von Angela Merkel eingebunden war und ist. Anders als sein Vorgänger Sigmar Gabriel hat Schulz auch eine realistische Chance, Merkel als Kanzlerin abzulösen, ein politisches Ziel, was sich mit der Gemütsverfassung vieler AfD-Anhänger (»Merkel muss weg«) deckt. Allerdings hat sich das im Februar gemessene Umfragehoch für den neuen SPD-Spitzenmann schnell als Strohfeuer erwiesen. Bei allen drei Landtagswahlen nach seiner Nominierung verlor die SPD teilweise deutlich.

Alles nur Populismus?

Die AfD ist das, was in Deutschland gemeinhin als »Protestpartei« bezeichnet wird – und als solche agiere sie »populistisch«. Diesen eher unspezifischen Begriff sollte man allerdings keineswegs als Schimpfwort verstehen. Vielmehr versuchen populistische Parteien und Bewegungen, dem in großen Teilen der Bevölkerung als elitär und bürgerfern empfundenen Politikbetrieb etwas entgegenzusetzen, was an den unmittelbaren Bedürfnissen, Anschauungen und Empfindungen vieler Menschen anknüpft. Das Politikangebot von populistischen Parteien setzt in erster Linie auf einfache, griffige Formeln und Lösungsansätze. Man tritt den Millionen AfD-Wählern wohl nicht zu nahe, wenn man unterstellt, dass die meisten von ihnen die über die Hauptziele hinausgehenden programmatischen Aussagen der Partei nicht kennen. Zumal sich das kaum von den Wählerklientelen anderer Parteien unterscheidet.

Ohnehin geht der Vorwurf des Populismus gegen die AfD weitgehend ins Leere beziehungsweise fällt auf diejenigen zurück, die ihn erheben. Denn alle Parteien arbeiten mit möglichst eingängigen, griffigen Losungen, Forderungen und Versprechungen oder schüren bewusst Ängste. Erinnert sei an die »Rote-Socken-Kampagne«, mit der die CDU im Bundestagswahlkampf 1994 vor einer möglichen Zusammenarbeit der SPD mit der PDS warnte. Die Grünen setzten teilweise auf nahezu apokalyptische Prophezeiungen in Bezug auf Waldsterben, Smog und Atomkraft. Die FDP versprach ihren Wählern erhebliche Steuersenkungen. Und Gerhard Schröder setzte 2002 darauf, »Der Kanzler der Mitte« zu sein – um nach seinem Wahlsieg prompt die »Agenda 2010« auf den Weg zu bringen. Kanzlerin Merkel baute 2013 auch nicht mehr auf Inhalte, sondern auf den »Landesmutti-Faktor«. Auf riesigen Plakaten war die berühmte »Merkel-Raute« zu sehen, verbunden mit der Losung »Deutschlands Zukunft in guten Händen«. DIE LINKE punktete 2016 im Berliner Wahlkampf mit dem Slogan »Die Stadt gehört allen« – in der rot-roten Koalition in Berlin 2002 bis 2011 hatte dieselbe Partei den Verkauf von über 100.000 kommunalen Wohnungen an Spekulanten durchgewinkt.

Die Liste ließe sich beliebig fortsetzen. Parteien leben in erster Linie von einfachen Botschaften, mit deren Formulierung ein Heer von professionellen PR-Experten beschäftigt ist.

Protestparteien als Störfaktor

Protestparteien werden, vor allem wenn sie auch bundespolitisch Erfolg haben, von den etablierten Parteien in erster Linie als Störfaktor wahrgenommen. Das bundesdeutsche Parteiensystem basierte über Jahrzehnte auf den beiden großen Volksparteien CDU/CSU und SPD sowie der deutlich kleineren FDP als »liberales Korrektiv« beziehungsweise als Mehrheitsbeschaffer für eine der beiden Volksparteien. Diese waren in zentralen gesellschaftlichen Fragen lange Zeit auch deutlich unterscheidbar. Ihnen fiel zudem die Aufgabe zu, die jeweiligen politischen Ränder ihrer Klientel weitgehend einzubinden und zu neutralisieren.
Zudem beinhaltet das Grundgesetz die Möglichkeit, Parteien zu verbieten, wenn sich diese nach Einschätzung des Bundesverfassungsgerichts (BVerfG) aktiv und kämpferisch für die Beseitigung der verfassungsmäßigen Ordnung der Bundesrepublik einsetzen. Diese schärfste Waffe des Parteiengesetzes wurde zweimal angewendet. Im Oktober 1952 wurde die Sozialistische Reichspartei (SRP) verboten, da das Gericht sie als Nachfolgeorganisation der NSDAP einstufte, was sich aus der Programmatik der SRP auch unzweifelhaft ableiten ließ. Vier Jahre später wurde auch die Kommunistische Partei Deutschlands (KPD) verboten und aufgelöst. Das Gericht sah bei der KPD »eine aktiv kämpferische, aggressive Haltung gegenüber der bestehenden Ordnung« als gegeben an, verbunden mit dem Ziel der »Errichtung einer sozialistisch-kommunistischen Gesellschaftsordnung auf dem Wege über die proletarische Revolution und die Diktatur des Proletariats«. Dies sei »unvereinbar mit der freiheitlich-demokratischen Grundordnung«.Weitere Parteiverbote gab es nicht. Das Verfahren gegen die neofaschistische

NPD scheiterte nach zwei Anläufen im Januar 2017 endgültig.

In der jüngeren Geschichte haben sich in Deutschland drei Protestparteien erfolgreich im parlamentarischen System etabliert: Bündnis 90/Die Grünen, DIE LINKE und die AfD. Bei aller Unterschiedlichkeit gibt es dabei deutliche Parallelen. Die neuen Parteien besetzten Themenfelder und Positionen, die von den »Altparteien« weitgehend ausgegrenzt wurden. Sie richteten sich gegen herrschende Politikeliten, die als abgehoben und als Bestandteil eines verfilzten Systems wahrgenommen wurden. Für DIE LINKE galt das allerdings von vornherein nur mit Einschränkungen, da sie sich vor allem in Ostdeutschland nicht nur als »Systemopposition«, sondern auch als Apparatepartei mit der Perspektive der Beteiligung an Regierungen verstand. Schließlich bestand der Kern der – anfangs nur im Osten erfolgreichen – PDS als Vorläuferpartei der LINKEN aus Funktions- und Amtsträgern der abgewickelten DDR.

In allen drei Fällen reagierten die »Altparteien« zunächst nahezu reflexhaft mit massiven Denunziationen und dem Versuch der Ausgrenzung der ungeliebten Konkurrenz. Nachdem dies nicht fruchtete, setzte man – besonders die SPD – im Falle der Grünen und der LINKEN auf eine Doppelstrategie zur Neutralisierung dieser Protestparteien. Zum einen machte man sich einige Anliegen in Teilen zu eigen, zum anderen bot man eine Integration in den etablierten Politikbetrieb in Form von Koalitionen an. Allerdings für einen sehr hohen Preis. Grüne und LINKE mussten ihre systemoppositionellen Ansätze revidieren und einen Großteil ihrer Forderungen ad acta legen.

Die Grünen trafen den Zeitgeist

Die Wurzeln der Grünen waren äußerst heterogen. Wichtigste Triebkräfte ihrer Entstehung waren der Kampf gegen die zivile Nutzung der Atomkraft, für eine umfassende ökologische Neuausrichtung der Wirtschaft sowie die Friedensbewegung, die angesichts des NATO-Programms zur Stationierung von atomaren Mittelstreckenraketen in Deutschland in den 1980er Jahren zu einer großen Massenbewegung wurde. Dazu kamen in den städtischen Milieus versprengte Reste der 68er-Studentenbewegung, Hausbesetzer, Feministinnen bis hin zu weitgehend marginalisierten maoistischen und trotzkistischen Kleinstparteien. Vorläuferorganisationen wie die 1978 gegründete Alternative Liste in Westberlin gaben sich zeitweilig eine dezidiert sozialistische und antiimperialistische Programmatik und forderten unter anderem den Austritt aus der NATO, die Vergesellschaftung von Produktionsmitteln und den Abzug der alliierten Besatzer. Sie lehnten das Gewaltmonopol des Staates ab.

Doch schon im Gründungsprogramm der Bundespartei Die Grünen im Oktober 1980 kam das deutlich weichgespülter daher. In der Partei gab es von Anfang an einen erbitterten Kampf zwischen »Fundis« und »Realos«, bei dem es sowohl um die Programmatik als auch um die Beteiligung an Koalitionsregierungen in den Ländern und später auch im Bund ging. 1985 gab es in Hessen die erste rot-grüne Koalition auf Landesebene, vier Jahre später folgte ein derartiges Bündnis in Berlin. Als immer deutlicher wurde, dass die »Realos«, deren prominentester Vertreter der spätere Vizekanzler und Bundesaußenminister Joschka Fischer war, die Partei allmählich dominierten, zogen schließlich prominente Vertreter des linken Flügels, angeführt von den zeitweili-

gen Bundessprechern Jutta Ditfurth und Rainer Trampert, die Reißleine und verließen die Grünen.
Der Rest ist bekannt: Aus der Friedens- wurde eine Kriegspartei, man entdeckte das Kapital als Verbündeten für die »ökologische Wende«, und die soziale Frage als früherer Eckpfeiler grüner Politik mündete schließlich in der Zustimmung zu den Hartz-Gesetzen. Längst sind die Grünen auch für die CDU ein begehrter Koalitionspartner. Ihre Rolle als Protestpartei gegen die herrschenden Verhältnisse haben sie jedenfalls schon lange aufgegeben.

DIE LINKE: Kröten schlucken als Prinzip

Die Entstehungsgeschichte der Partei DIE LINKE (vormals PDS) ist eine gänzlich andere, aber auch hier ist der Weg von der Protest- zur Systempartei weit fortgeschritten. Anfangs agierte die PDS vor allem als ostdeutsche Regionalpartei und wurde nach 1990 zum Hoffnungsträger für jene Menschen, für die die Zerschlagung der DDR keine »Befreiung«, sondern in erster Linie eine »feindliche Übernahme« durch ein rabiates kapitalistisches System war. Ganze Regionen wurden weitgehend deindustrialisiert, die soziale und gesellschaftliche Infrastruktur erodierte. Neben Massenerwerbslosigkeit führten die gesellschaftliche Degradierung, die Missachtung der eigenen Lebenskultur und -leistung, aber auch die Ablehnung der neuen Wirtschafts- und Gesellschaftsordnung zu einem Humus, auf dem sich die PDS allmählich als Protestpartei entwickeln konnte. Bei Landtagswahlen wurde sie mehrere Male zweitstärkste Partei, mit Ergebnissen von bis zu knapp 30 Prozent. Später erwiesen sich vor allem die »Hartz-Reformen« als regelrechter Wahlkampf-Turbo für die PDS.

Doch der Protest-Nimbus bekam alsbald deutliche Risse. Regierungsbeteiligungen beziehungsweise die Tolerierung von SPD-Minderheitsregierungen in Mecklenburg-Vorpommern, Brandenburg und Sachsen-Anhalt und die damit verbundene Zustimmung zu Sozialkürzungen und anderen unpopulären Maßnahmen sorgten bei den jeweils folgenden Wahlen für deutliche Stimmenverluste – und begünstigten auch das Erstarken neofaschistischer Parteien wie DVU und NPD, die nunmehr als einzige Stimme des fundamentalen Protests wahrgenommen wurden und mit teilweise zweistelligen Ergebnissen in mehrere Landtage einzogen. Auch in Berlin, wo die PDS im Ostteil lange Zeit stärkste Kraft war, bezahlte die Partei ihre Rolle als Juniorpartner einer SPD-geführten Regierung nach zwei Legislaturperioden mit der annähernden Halbierung ihres Wahlergebnisses, von 22,6 auf 11,7 Prozent. In vielen Bereichen hatte diese Koalition eine verheerende Spur hinterlassen: Privatisierung von über 100.000 kommunalen Wohnungen und etlichen sozialen Dienstleistungen, zeitweilige Lohnkürzungen im öffentlichen Dienst und deutlicher Abbau der öffentlichen Daseinsvorsorge in den Bezirken, um nur einige Beispiele zu nennen.

Mühsame »Westausdehnung«

In Westdeutschland, wo der Antikommunismus quasi zur Staatsraison gehörte, verlief die Entwicklung anders. Dort fristete die PDS lange Zeit ein eher kümmerliches Schattendasein als außerparlamentarische Protestgruppe, die vor allem mit dem Stigma zu kämpfen hatte, die Partei der alten DDR-Eliten zu sein. Das änderte sich 2004 mit der Gründung der Wahlalternative Arbeit und soziale Gerechtigkeit (WASG), die vor allem von Gewerkschaftern und enttäuschten Sozialdemokraten getragen wurde, die die neoliberale Ausrichtung der »rot-grünen« Regierung unter Gerhard Schröder und dabei besonders die »Hartz-Reformen« nicht mehr mittragen wollten. Mit dem ehemaligen SPD-Vorsitzenden Oskar Lafontaine stellte sich ein prominentes Zugpferd an die Spitze dieser Bewegung, die auch mit Massendemonstrationen gegen Hartz IV präsent war. Mit der PDS wurde zunächst ein Wahlbündnis für die Bundestagswahlen 2005 geschlossen, das der nunmehr gesamtdeutschen Partei mit 8,7 Prozent den Wiedereinzug in den Bundestag bescherte, den sie 2002 mit vier Prozent verfehlt hatte. Im Juni 2007 erfolgte schließlich die Fusion, und in der Folge konnte DIE LINKE in mehrere westdeutsche Landtage einziehen – allerdings weit von den Ergebnissen in Ostdeutschland entfernt.

Doch nach der »heißen« Protestphase kehrte bald Ernüchterung ein. Auch DIE LINKE wurde von heftigen Richtungskämpfen erfasst, die durchaus Ähnlichkeiten mit denen zwischen »Realos« und »Fundis« bei den Grünen zwei Jahrzehnte zuvor aufwiesen. In der Wahrnehmung vieler Menschen ist DIE LINKE längst zum Teil des herrschenden Politikkartells geworden. Dabei spielt die verbreitete Orientierung auf Koalitionsregierungen mit der SPD und den Grünen sicherlich eine zentrale Rolle.

Abgehoben und bürgerfern

Viel gravierender ist allerdings, dass die Partei offenbar den Kontakt zu jenen Menschen verloren hat, die auf eine teilweise diffuse Art und Weise dem ganzen »System« misstrauisch bis ablehnend gegenüberstehen, weil sie sich nicht angehört

und vertreten fühlen. Gerade in der Flüchtlingspolitik wurden zweifelnde und ablehnende Haltungen, die angesichts einer zeitweise ungeregelten Zuwanderung und den damit einhergehenden Problemen zumindest verständlich sind, von den »Altparteien«, zu denen mittlerweile auch DIE LINKE gezählt wird, in der Regel abgebügelt oder sogar pauschal als »rechts« oder »rassistisch« eingestuft. Doch das Unbehagen in großen Teilen der Bevölkerung geht weit darüber hinaus. Globalisierung, Digitalisierung, Strukturwandel, die Erosion althergebrachter Werte und die allgegenwärtigen ökonomischen und geopolitischen Krisen schaffen Ängste, mit denen sich viele Menschen überfordert und allein gelassen fühlen. Die großen Volksparteien CDU und SPD sind in vielen Fragen kaum noch unterscheidbar, das »System Merkel« wird als Machtkartell von informellen und ökonomischen Eliten wahrgenommen, eng verzahnt mit den großen Medien. Die EU wird als bürokratisches Monstrum gesehen, welches aus dem »fernen Brüssel« zunehmend in alle Lebensbereiche eingreift. Es hat sich ein allgemeines, tiefes Misstrauen gegen »die da oben« verbreitet.
Es sind nicht nur die »ganz großen Themen«, die viele Menschen umtreiben. Es ist die gefühlte oder tatsächliche Bedrohung der eigenen Sicherheit durch Kriminalität und Terrorismus. Es ist die Verödung und Verwahrlosung ganzer Dörfer und Stadtteile, die einfach abgehängt wurden. Es sind Ängste und Vorbehalte gegen den Islam, dessen Auslegungen und teilweise praktizierten Formen nur allzu berechtigte Zweifel an seiner Kompatibilität mit westlich geprägten Gesellschaften hervorrufen. Es ist die Dekonstruktion der Geschlechter, die ihren Ausdruck auch in immer irrwitzigeren Verdrehungen der deutschen Sprache findet.
Mit der AfD als neuer Protestpartei haben derartige Ängste und die damit verbundene Wut über die herrschenden

Zustände eine neue Plattform gefunden. Man könnte auch sagen: eine Projektionsfläche, denn jeder, der derzeit sein Kreuz bei dieser Partei macht, wählt seine eigene AfD, oftmals ohne Kenntnis ihrer mittlerweile recht umfänglichen Programmatik. Die anderen Parteien, die großen Verbände und auch die Medien haben entscheidend zu ihrem Aufschwung beigetragen, weil sie lange Zeit die gesellschaftlichen Signale nicht gehört oder nicht verstanden haben und mit Ausgrenzung und Stigmatisierung reagierten, oftmals penetrant selbstgefällig und ignorant. Wer in endloser Litanei über viele Jahre so ziemlich alles als »alternativlos« anpreist, von Hartz IV über Rentenkürzungen bis hin zur Euro-Rettung und der zeitweiligen Grenzöffnung, braucht sich nicht wundern, wenn mit der AfD eine neue Protestpartei die Manege betritt und beträchtlichen Zulauf erhält.

»Wir sind das Volk«

Die Losung »Wir sind das Volk« feierte ihre Premiere in der deutschen Geschichte – zumindest als Massenphänomen – am Montag, dem 4. September 1989 in Leipzig. Im Anschluss an ein »Friedensgebet« in der Nikolaikirche versammelten sich einige Tausend Menschen in der Leipziger Innenstadt und protestierten gegen die Politik der DDR-Regierung. Neben besagter Losung standen vor allem Forderungen nach Reisefreiheit und demokratischen Reformen im Mittelpunkt. Die Montagsdemonstrationen fanden von nun an wöchentlich statt und fanden immer mehr Anhänger, auch in anderen Städten der DDR. Die Hauptlosung blieb, doch das Kleingedruckte änderte sich merklich. Statt Reformen in der DDR rückten die Einführung der D-Mark und die Vereinigung mit der BRD in den Mittelpunkt des Geschehens.

Der Fortgang der Ereignisse ist bekannt. Am 18. Oktober 1989 trat Erich Honecker als Generalsekretär des Zentralkomitees der SED zurück und wurde durch Egon Krenz ersetzt. Ihm folgte am 7. November der gesamte Ministerrat der DDR mit Willi Stoph an der Spitze. Nur zwei Tage später öffnete die neue, von Hans Modrow geleitete Regierung die Grenzen zur BRD und nach Westberlin, was bereits das faktische Ende der DDR besiegelte. Am 18. März 1990 fanden die von Modrow bei Amtsantritt angekündigten Neuwahlen zur Volkskammer statt, die der CDU mit 40,8 Prozent einen triumphalen Wahlsieg bescherten. Die inzwischen in Partei des Demokratischen Sozialismus (PDS) umbenannte SED erreichte unter ihrem neuen Vorsitzenden Gregor Gysi lediglich 16,4 Prozent. Damit waren die weiteren Schritte klar. Am 21. Juni billigte die Volkskammer den Vertrag zur Währungs-, Wirtschafts- und Sozialunion, der offiziell mit der

Einführung der D-Mark als einziges gesetzliches Zahlungsmittel zum 1. Juli 1990 in Kraft trat. Am 23. August beschloss die Volkskammer mit großer Mehrheit den Beitritt zur BRD. Am 31. August unterzeichneten Vertreter der beiden Regierungen den Einigungsvertrag, der dann am 3. Oktober in Kraft trat.

Rasche Ernüchterung

Es war in der Tat ein historisch einmaliges Ereignis. Eine anfangs überschaubare Protestbewegung hatte unter der Losung »Wir sind das Volk« maßgeblich eine Entwicklung in Gang gebracht, die binnen weniger Monate zur Auflösung eines Staates und damit verbunden zu einem vollkommen neuen politischen und wirtschaftlichen System führte. Historiker reden in diesem Zusammenhang gern von der »friedlichen Revolution«, was zumindest in Bezug auf das Ausbleiben bewaffneter Auseinandersetzungen zwischen Staatsmacht und Volk wohl seine Berechtigung hat.

Doch die Euphorie der Akteure verflog relativ schnell. Denn den Bürgern wurde deutlich, dass die Verträge allerlei Fußnoten enthielten, die viele nicht gelesen hatten oder auch nicht lesen wollten. In der DDR fand ein in seinem Tempo und seiner Gründlichkeit ebenfalls historisch einmaliger Deindustrialisierungsprozess statt. Viele Menschen verloren nicht nur ihren Arbeitsplatz, sondern auch jegliche Perspektive für ein besseres Leben in »blühenden Landschaften«, die ihnen der »Einheitskanzler« Helmut Kohl versprochen hatte. Die gesellschaftliche Daseinsvorsorge als wesentliches Merkmal der DDR geriet im »Beitrittsgebiet« vollkommen aus den Fugen, ganze Städte und Regionen bluteten regelrecht aus. Das bescherte der PDS eine gewisse Renais-

sance als nunmehr nicht mehr Regierungs-, sondern Oppositionspartei in Ostdeutschland – sehr zum Ärger der westlichen Politiker, die sie als lästiges, historisch dem Untergang geweihtes Relikt der »DDR-Diktatur« gesehen hatten.
Die desaströse sozioökonomische Entwicklung wurde aber auch zum idealen Nährboden einer gänzlich anderen Opposition. In Teilen Ostdeutschlands formierte sich ein offen rassistischer Mob, der auch gewaltsam gegen in der ehemaligen DDR lebende Ausländer vorging, wobei es sich hauptsächlich um frühere Vertragsarbeiter aus Vietnam und einigen afrikanischen Ländern handelte. Die aus der Wendezeit heraus historisch positiv besetzte Losung »Wir sind das Volk« feierte eine bittere Wiederkehr, unter anderem bei pogromartigen Ausschreitungen 1991 in Hoyerswerda und 1992 in Rostock-Lichtenhagen. Dabei war stellenweise unübersehbar, dass auch von Neonazi-Kadern initiierte Proteste auf eine gewisse Akzeptanz bei »einfachen Bürgern« stießen. Diese unheilige Allianz manifestierte sich einige Jahre später auch in erstaunlichen Wahlerfolgen neofaschistischer Parteien in allen neuen Bundesländern (außer Thüringen), aber auch in vielen Kommunen.

Die alte Losung auch gegen Hartz IV

Ab 2003 bekam die Losung »Wir sind das Volk« dann wieder eine gänzlich andere Stoßrichtung. Mit der »Agenda 2010« und vor allem der Einführung von »Hartz IV« bei gleichzeitiger Abschaffung der Arbeitslosenhilfe hatte die rot-grüne Bundesregierung unter Gerhard Schröder eine neue Etappe der sozialen Marginalisierung, besonders erwerbsloser Menschen, eingeleitet. Erneut wurden »Montagsdemonstrationen« zur bevorzugten Protestform. Ausgehend von

Magdeburg entwickelte sich im Sommer 2004 dann schnell eine bundesweite Protestwelle gegen die »Sozialreformen«. In der Hochzeit fanden wöchentlich bis zu 200 Veranstaltungen statt, an denen sich teilweise mehrere Zehntausend Menschen beteiligten. Zwar versuchten auch in dieser Bewegung allerlei politische Geisterfahrer ihr Süppchen zu kochen, doch der Tenor der Proteste war eindeutig antikapitalistisch. Diese Welle gab der PDS, die zwischenzeitlich wieder etwas an Unterstützung eingebüßt hatte, einen neuen Schub. Vor allem die langersehnte und bis dahin weitgehend gescheiterte »Westausdehnung« nahm Fahrt auf. Denn vor allem in Bayern, aber auch in anderen Bundesländern hatten enttäuschte Gewerkschafter und SPD-Mitglieder die Wahlalternative Arbeit und soziale Gerechtigkeit gegründet, die sich zunächst von der PDS abgrenzte, aber dann zunehmend auf Wahlbündnisse setzte, bis schließlich im Juni 2007 die Fusion zur neuen Partei DIE LINKE besiegelt wurde. Während die PDS bei den Bundestagswahlen 2002 noch an der Fünf-Prozent-Hürde scheiterte und lediglich mit zwei direkt gewählten Abgeordneten (Petra Pau und Gesine Lötzsch) vertreten war, erreichte die neuformierte gesamtdeutsche Linkspartei 2005 8,7 Prozent und damit 54 Sitze. Die außerparlamentarischen Proteste gegen die »Hartz-Gesetze« haben die neue Partei regelrecht in den Bundestag hineingespült.

Gescheiterte Bewegung

Doch die Anti-Hartz-Bewegung blieb letztlich erfolglos. Die Teilnehmerzahlen der Montagsdemos gingen rapide zurück, viele Unterstützer resignierten und zogen sich vielfach enttäuscht und verbittert aus dem politischen Leben zurück, wovon auch die sinkende Wahlbeteiligung bei späteren Landtags- und Bundestagswahlen zeugt. Zwar wurde der »Basta«-Kanzler Gerhard Schröder 2005 abgewählt, doch stattdessen begann das »System Merkel«. Die ostdeutsche Kanzlerin entwickelte und perfektionierte mit der Zeit einen Politikstil, der weniger auf Grundwerten und Überzeugungen basierte, sondern mehr auf einem hochentwickelten Machtinstinkt, verbunden mit einem scheinbar untrüglichen Gespür für in der Bevölkerung mehrheitsfähige Entscheidungen. Die SPD hatte dem weder als Oppositionspartei noch als Regierungspartner in großen Koalitionen etwas entgegenzusetzen. Fast noch dramatischer: Die mit vielen Hoffnungen begleitete und parlamentarisch deutlich gestärkte LINKE schaffte es nicht, sich flächendeckend als konsequente Vertreterin sozialen Widerstands zu positionieren – und sie wollte es mehrheitlich auch nicht. In vielen, vor allem ostdeutschen Landesverbänden lag das Augenmerk in erster Linie bei der Anbahnung möglicher Regierungsbeteiligungen als Juniorpartner der »Hartz-IV-Partei« SPD. Und das, obwohl erste Versuche in dieser Richtung in Mecklenburg-Vorpommern, Sachsen-Anhalt und auch Berlin eine Warnung hätten sein müssen. Denn stets hatte die Partei ihre Regierungsbeteiligungen beziehungsweise Tolerierungen von SPD-Minderheitsregierungen und die in diesem Zusammenhang mitgetragenen »Kompromisse« mit deutlichen Stimmenverlusten bezahlt. Zusammen mit dem Frust über die erfolglosen Hartz-Proteste dürfte auch das bei vielen Menschen zu einem verbitterten Rückzug aus der Politik geführt haben, da nicht nur die beiden großen »Volksparteien« immer weniger unterscheidbar waren, sondern auch DIE LINKE zunehmend als Teil eines Machtkartells von »denen da oben« wahrgenommen wurde, das sich von den Sorgen und Nöten des Volkes weitgehend entfernt hatte.

Die bleierne Ära Merkel

Lange Zeit prägte fast schon bleierne Agonie das politische Geschehen. Gutgeschrieben wurde der Merkel-Regierung allerdings, dass es ihr gelang, die Folgen der globalen Finanzkrise 2008/2009, die nach dem Zusammenbruch der US-amerikanischen Bank *Lehman Brothers* wie ein Wirbelsturm durch die Weltwirtschaft fegte, für die deutsche Wirtschaft und vor allem den Arbeitsmarkt stark zu begrenzen. Dennoch sorgte diese Krise für ein Fortschreiten der Entfremdung zwischen »denen da oben« und denen, die sich als »das Volk« verstanden. Bis dahin unvorstellbare Summen wurden in den Bankensektor gepumpt, um dessen Zusammenbruch zu verhindern, während die geldgierigen und verantwortungslosen Manager, die das Desaster zu verantworten hatten, weitgehend ungeschoren davonkamen. Der verbreiteten Wut über diese Entwicklung begegnete das »System Merkel« mit der seitdem häufig verwendeten Floskel von der vermeintlichen »Alternativlosigkeit«. Das leuchtete schon damals vielen Menschen nicht ein; von jenen, die sich für ihr mehr oder weniger bescheidenes Auskommen ziemlich abrackern und für wirtschaftliche Schieflagen stets selber geradestehen müssen oder in ständiger Furcht vor sozialem Abstieg bis zu Hartz-IV-Armut leben, kann man wohl auch kaum Verständnis dafür erwarten, dass diejenigen, die mit ihrer Zockerei fast die Weltwirtschaft in den Kollaps getrieben haben, weiterhin ihre millionenschweren Gehälter, Boni und Abfindungen verjubeln dürfen, während dem Volk weiter die Renten gekürzt werden.

Als dann nur wenig später die nächste große Finanzkrise ausbrach, diesmal aufgrund der drohenden Zahlungsunfähigkeit einiger Euro-Staaten, verabreichte das »System Merkel« die nächste Lektion in Sachen »Alternativlosigkeit«.

Erneut wurden gigantische Steuersummen eingesetzt, um diverse »Stabilisierungsfonds« und »Rettungsschirme« zu bestücken. Doch langsam begann das Fass überzulaufen. Die »Euro-Rettung« wurde zur Initialzündung für eine neue Protestbewegung, die zunächst eher bürgerlich und wirtschaftsliberal geprägt war, aber bald starken Zulauf aus anderen Schichten der Bevölkerung erfuhr. Schnell mischte sich die wirtschaftswissenschaftliche Expertise gegen die Euro-Politik mit dem Zerrbild vom »faulen Griechen«, der unsere Steuermilliarden verprasst. Globalisierung und europäische Integration hatten für viele Menschen nunmehr jeglichen Charme verloren, und das kulminierte schließlich mit den zuvor geschilderten Faktoren in der Gründung einer neuen Partei, der AfD, die allerdings bei den Bundestagswahlen 2013 mit 4,7 Prozent knapp an der Fünf-Prozent-Hürde scheiterte.

Der Aufstieg von PEGIDA

Auch das war nur ein kleines Vorspiel, denn die dritte und wuchtigste Lektion in Sachen »Alternativlosigkeit« verabreichte das »System Merkel« am 31. August 2015, als die Kanzlerin verkündete, dass für einen begrenzten Zeitraum die Grenzkontrollen für nach Deutschland strömende Flüchtlinge ausgesetzt würden, um eine humanitäre Katastrophe zu verhindern. Bereits seit Anfang 2015 waren die Flüchtlingszahlen drastisch angestiegen, was für die AfD nach eigenem Bekunden ein riesiger Glücksfall war.
Doch schon seit Oktober 2014 hatte der Slogan »Wir sind das Volk«, der nach 2005 wieder weitgehend aus dem politischen Tagesgeschehen verschwunden war und ein Schattendasein bei rechtsradikalen Aufmärschen fristete, erneut

eine Renaissance erlebt. Adaptiert hatte ihn in Dresden eine Gruppe namens »Patriotische Europäer gegen die Islamisierung des Abendlandes« (PEGIDA), die seitdem regelmäßige Montagsspaziergänge und Kundgebungen veranstaltet. Nahmen anfangs nur wenige Hundert Menschen teil, so konnten die Initiatoren um den Gründer Lutz Bachmann am 12. Januar 2015 bereits 25.000 – einige Quellen sprechen gar von 40.000 – Teilnehmer mobilisieren. Zwar achtete die AfD-Spitze in ihrer Anfangszeit noch auf eine deutliche Abgrenzung zu PEGIDA und Nachahmergruppen in anderen Städten, doch bereits in der »Ära Lucke« gab es deutliche Lockerungsübungen einiger Landesverbände in Bezug auf PEGIDA – die nicht unwesentlich zum Machtkampf mit Showdown in der AfD beitrugen. An der Basis waren diese Schnittmengen vor allem in Ostdeutschland ohnehin kaum zu übersehen.

Nach dem Rückzug von sechs Gründungsmitgliedern des Vereins PEGIDA im Januar 2015 und der damit verbundenen Spaltung verlor die Organisation allmählich ihre Mobilisierungskraft, auch ihre Ableger dümpelten eher vor sich hin. Dazu hatten einige offen rassistische Eskapaden ihres Frontmannes Lutz Bachmann wesentlich beigetragen; weil er Asylbewerber öffentlich als »Viehzeug«, »Dreckspack« und »Gelumpe« bezeichnete, wurde er 2016 rechtskräftig wegen Volksverhetzung verurteilt. Ohnehin war Bachmann mit seinem Vorleben als professioneller Einbrecher und Rauschgifthändler für eine sich zunächst bürgerlich-konservative gerierende Partei kaum anschlussfähig.

Während PEGIDA trotz Flüchtlingskrise auf dem absteigenden Ast war, erlebte die AfD, die viele nach dem Austritt von Bernd Lucke und seinen Anhängern im Juli 2015 bereits auf dem Weg in die Bedeutungslosigkeit wähnten, durch Merkels »Wir schaffen das«-Politik eine Art Neugeburt. So bewertete das auch Parteivize Alexander Gauland. »Natürlich verdanken wir unseren Wiederaufstieg in erster Linie der Flüchtlingskrise«, sagte Gauland dem Hamburger Magazin *Der Spiegel* im Dezember 2015. »Man kann diese Krise ein Geschenk für uns nennen.« Die Situation sei für die AfD »sehr hilfreich«.[3]

Die in der PEGIDA-Hochzeit entwickelte Rhetorik ist von der AfD-Basis mittlerweile weitgehend übernommen worden. Bei Demonstrationen, Kundgebungen und Parteiveranstaltungen gehört die Parole »Wir sind das Volk« inzwischen ebenso zum Standardrepertoire wie die Ausrufe »Lügenpresse« und »Volksverräter« sowie die Losung »Merkel muss weg«. Man könnte es auch die PEGIDAisierung von großen Teilen der AfD nennen.

Gegen die Eliten

Die Losung »Wir sind das Volk« beinhaltet zweifellos eine ziemliche Anmaßung. Denn sie impliziert, dass all diejenigen, die den Rufern und ihren politischen Anliegen skeptisch bis ablehnend gegenüberstehen, nicht zum Volk gehören. Und das auch dann, wenn es sich unzweifelhaft um deutsche Bürger ohne Migrationshintergrund in den letzten drei oder mehr Generationen handelt.

Aber Leitparolen unterliegen natürlich dem Primat der Vereinfachung. Der Begriff »Volk« ist in diesem Fall also nicht in erster Linie ethnisch gemeint. Die Zuordnung erfolgt in Form von weiteren Ein- und Abgrenzungen. So forderte der AfD-Fraktionsvorsitzende in Sachsen-Anhalt, André Poggenburg, in einer Landtagsrede am 3. Februar 2017 in Bezug auf bestimmte politische Gegner: »Helfen Sie dabei, die Wucherung am deutschen Volkskörper endgültig loszuwerden.«[4] Auch der Begriff der »deutschen Volksgemeinschaft« taucht regelmäßig in seinen Reden auf. Selbst die Parteivorsitzende Frauke Petry – sonst eher auf Distanz zu allzu unverhohlenen Analogien zur Sprache der Nationalsozialisten bedacht – erklärte in der *Welt am Sonntag* vom 11. September 2016, »der Begriff ›völkisch‹ sollte nicht mehr so negativ verstanden werden«. »Man müsse ›daran arbeiten, dass dieser Begriff wieder positiv besetzt ist‹.«[5]

Gar kein Blatt vor den Mund nehmen prominente Unterstützer der Partei, wie Jürgen Elsässer, Chefredakteur des Magazins *Compact*, der sich als »publizistisches Sturmgewehr des Volkes« definiert, den »patriotischen Flügel der AfD« gegen Frauke Petry unterstützen will und auf Kundgebungen und Konferenzen regelmäßig gemeinsam mit AfD-Prominenten, wie Björn Höcke und André Poggenburg, auftritt. Am 21. Dezember 2016 schrieb Elsässer in seinem Blog: »Die Sachsen sind ein gesundes, rebellisches Volk. Dort lebt der Widerstand. Berlin ist komatös, leprös, verfault. Erst wenn die Ostdeutschen eines Tages auf die Hauptstadt marschieren, wird es anders werden. Wir arbeiten dran ...«[6]

Nun sollte man nicht alle »Wir sind das Volk«-Rufer für die furchtbaren Entgleisungen einiger ihrer Vertreter in Sippenhaft nehmen. Zumal diese Losung gerade in Ostdeutschland in Bezug auf die »friedliche Revolution« im Herbst 1989 bei vielen Menschen durchaus positiv besetzt ist. Eine Anmaßung bleibt es dennoch. Selbst wenn die AfD – was derzeit vollkommen ausgeschlossen erscheint – bei den kommenden Bundestagswahlen 25 Prozent der Wählerstimmen erhalten sollte, würden ihre Vertreter im Bundestag – die voraussichtlichen Nichtwähler mal abgezogen – nur ein knappes Fünftel des Volkes repräsentieren. Kleine Erweiterungen der Losungen würden diese daher angemessener beziehungsweise ehrlicher machen. Zum Beispiel: »Auch wir sind das Volk« oder »Wir sind das rebellische Volk« oder im Sinne von Poggenburg »Wir sind das gesunde Volk«. Aber das klinge dann wohl zu sperrig.

Bei der AfD sieht man sich – und das flügelübergreifend – aber auch in einer Art Stellvertreterrolle für das Volk und gegen das »System Merkel«, das »Machtkartell« und die »Eliten«. Und damit trifft die Partei einen wunden Punkt, denn der tiefe Riss in der Gesellschaft zwischen Politikern und Wahlvolk, Verbandsfunktionären und ihrer Basis, Wirtschaftsbossen und Arbeitern, aber auch Leitmedien und ihren Konsumenten ist unübersehbar.

Wer sind eigentlich unsere Volksvertreter?

Dazu lohnt ein Blick auf den Deutschen Bundestag, dem in der parlamentarischen Demokratie eine zentrale Rolle zukommt. Der Bundestag wählt die Regierung, beschließt Gesetze, stimmt über kurzfristige Vorhaben der Regierung ab, verabschiedet den Haushalt und entscheidet über Auslandseinsätze der Bundeswehr. Er kann sich auch selber auflösen, um eine Neuwahl anzustreben. Als Verfassungsorgan kann er Normenkontrollklagen beim Bundesverfassungsgericht einreichen. Dieses Recht haben auch qualifizierte Minderheiten unter den Abgeordneten.

Die Abgeordneten werden in freier und geheimer Wahl für eine Legislaturperiode gewählt. Die Hälfte erhält das Mandat durch eine Direktwahl in einem der 299 Wahlkreise, wo der Bürger mit seiner »Erststimme« entscheidet. Der Rest wird über Landeslisten der Parteien mit der »Zweitstimme« bestimmt. Die prozentuale Verteilung dieser Zweitstimmen entscheidet über die Sitzverteilung im Bundestag. Erringen Parteien mehr oder weniger Direktmandate, als ihnen nach dem Zweitstimmenergebnis zustehen, wird diese Differenz durch Ausgleichs- beziehungsweise Überhangmandate ausgeglichen. Dadurch wird die gesetzlich festgelegte Zahl von 598 Abgeordneten in der Regel überschritten, derzeit sind es 630. Im kommenden Bundestag könnten es noch deutlich mehr sein, wenn beispielsweise AfD und FDP in den Bundestag einziehen, aber kein Direktmandat gewinnen.

Nicht repräsentiert im Bundestag sind jene Wahlberechtigten, die sich entschieden haben, auf eine Teilnahme zu verzichten oder mit »ungültig« zu votieren. Doch die Fünf-Prozent-Sperrklausel sorgt dafür, dass auch viele abgegebene und gültige Stimmen bei der Sitzverteilung im Parlament unter den Tisch fallen. Da 2013 neben einigen Kleinstparteien auch die FDP, die AfD und die Piraten an dieser Sperrklausel scheiterten, werden derzeit insgesamt 15,8 Prozent der Wähler nicht mehr durch die Fraktionen des Bundestags repräsentiert. Das war der höchste bisher bei einer Bundestagswahl gemessene Wert.

Für ein Direktmandat kandidieren kann im Prinzip jeder Bürger, der volljährig ist, die deutsche Staatsbürgerschaft besitzt und mindestens 200 beim Einwohnermeldeamt des jeweiligen Wahlkreises beglaubigte Unterstützerunterschriften für seine Kandidatur vorweisen kann. Ausgeschlossen sind Personen, für die zur Besorgung *aller* ihrer Angelegenheiten ein Betreuer bestellt ist oder die nach einer Straftat wegen Gemeingefährlichkeit in einem psychiatrischen Krankenhaus untergebracht sind. Wer wegen eines Verbrechens zu einer Freiheitsstrafe von mindestens einem Jahr verurteilt wird, verliert automatisch sein *passives* Wahlrecht für fünf Jahre.

Allerdings ist es mit Ausnahme der ersten Bundestagswahl 1949 keinem parteiunabhängigen Kandidaten gelungen, ein Direktmandat zu gewinnen, was angesichts der geballten Propagandamacht der staatlich alimentierten Parteien auch nicht verwunderlich ist.

Hat der Bürger bei der Erststimme noch einen gewissen Einfluss auf die Entsendung eines Abgeordneten aus seinem Wahlkreis, so obliegt die Bestimmung der Listenkandidaten einzig und allein den Parteien. Die Möglichkeit, auf dem Wahlzettel eigene Prioritäten bei der Reihenfolge der Listenkandidaten zu setzen, besteht – anders als bei vielen Kommunalwahlen – nicht. Die eigentliche Entscheidung, wer in den Bundestag kommt, obliegt also nicht den Wählern, sondern den Parteigremien.

Repräsentiert der Bundestag das Volk?

Eigentlich sollte das Parlament einen einigermaßen repräsentativen Querschnitt der Wähler abbilden, schließlich nennt man es auch »Volksvertretung«. Doch beim Deutschen Bundestag kann davon kaum die Rede sein. So befinden sich unter den 630 Abgeordneten derzeit 149 Beamte und Angestellte des öffentlichen Dienstes, also fast ein Viertel. Ihr Anteil an der Erwerbsbevölkerung macht dagegen nur 11 Prozent aus. Noch größer ist das Missverhältnis bei Rechtsanwälten und Notaren, von denen es in Deutschland rund 160.000 gibt, was rund 0,4 Prozent der Erwerbsbevölkerung betrifft. Im Bundestag sitzen aber 80 Angehörige dieser Zunft, also mehr als 12 Prozent. Die noch wesentlich kleinere Gruppe der Steuerberater bringt es immerhin auch auf 12 Abgeordnete.

Augenfällig ist auch die große Repräsentanz von Mitarbeitern von Parteien und Fraktionen, die mit 64 Abgeordneten, also über zehn Prozent, vertreten sind. Dazu kommen noch viele Mitarbeiter und Funktionäre von großen Verbänden, bei der SPD vor allem Gewerkschafter, bei den Unionsparteien Unternehmer- und Handelsverbände. Nicht zu vergessen ein nicht genau zu bestimmender Anteil von oftmals leitenden Mitarbeitern von mehr oder weniger staats- beziehungsweise parteinahen Stiftungen, Instituten, Freien Trägern und sogenannten Nichtregierungsorganisationen (NGO).

Da bleiben für den »Rest« der Bevölkerung nur noch vergleichsweise wenig Sitze übrig, zumal der Akademikeranteil im Bundestag bei über 90 Prozent liegt. Deutlich unterrepräsentiert sind unter anderem Handwerker, Kleinunternehmer, einfache Angestellte, Arbeiter, aber auch Hausfrauen und -männer. Gar nur ein Abgeordneter firmiert offiziell als Arbeitsloser. Ob man das noch als »Volksvertretung« bezeichnen kann, sei dem Betrachter dieser Zahlen überlassen.

Lohnt sich ein Bundestagsmandat?

Als Bundestagsabgeordneter erzielt man Einkünfte und genießt Privilegien, die für den »Normalbürger« unerreichbar sind. In Artikel 48 Absatz 3 des Grundgesetzes wird dies in eher harmlosen Worten umrissen: »Die Abgeordneten haben Anspruch auf eine angemessene, ihre Unabhängigkeit sichernde Entschädigung.« Über deren Höhe entscheiden die Abgeordneten selbst, man kann also von einem »Selbstbedienungsladen« sprechen.

Die sogenannte Grunddiät wurde zuletzt zum 1. Juni 2016 erhöht und beträgt jetzt 9.327 Euro pro Monat. Für bestimmte Funktionen im Parlament, in der Fraktion oder in Ausschüssen gibt es noch erhebliche Zulagen. Die Diäten sind zwar steuerpflichtig, Beiträge zur Renten- und Arbeitslosenversicherung werden aber nicht entrichtet. Dazu kommt eine steuerfreie Kostenpauschale von 4.305,46 Euro, über deren Verwendung keine Rechenschaft abgelegt werden muss. Für die Beschäftigung von Mitarbeitern stehen jedem Abgeordneten monatlich 20.870 Euro zur Verfügung. Zu den zahlreichen Privilegien gehört eine Netzkarte 1. Klasse für die Bahn, die ausdrücklich auch für Privatreisen genutzt werden darf.

Nun könnte man denken, dass es sich bei einer dergestalt auskömmlich bezahlten Tätigkeit um einen sehr arbeitsintensiven und anstrengenden Vollzeitjob handelt. Dennoch haben Abgeordnete die Möglichkeit, »Nebentätigkeiten« auszuüben, die zwar meldepflichtig, aber genehmigungsfrei sind. Davon machten im vergangenen Jahr 162 Parlamentarier Gebrauch. Dabei erzielten immerhin 19 Einkünfte von über 100.000 Euro pro Jahr - nicht schlecht für einen »Nebenjob«.

Doch es gibt ja auch noch ein Leben nach dem Parlament. Ein Abgeordneter, der aus dem Bundestag ausscheidet, fällt ziemlich weich. Für jedes Jahr Parlamentszugehörigkeit gibt es ein »Übergangsgeld« in Höhe von 9.082 Euro, das monatlich ausgezahlt wird, und zwar maximal für 18 Monate. Schon jetzt dürften bei manchem Klein- und Durchschnittsverdiener und erst recht bei Erwerbslosen die Ohren klingeln, aber so richtig spannend wird es bei der Altersversorgung. Für jedes Jahr im Bundestag erwirbt ein Abgeordneter monatliche Pensionsansprüche in Höhe von 206 Euro. Nach zwei Legislaturperioden, also acht Jahren, kann man sich bereits darauf freuen, bei Erreichen des Rentenalters rund 1.700 Euro zu erhalten, und zwar unabhängig von weiteren Alterseinkünften. Wer mindestens 18 Jahre im Bundestag war, darf seine Pension bereits ab dem 55. Lebensjahr genießen. Nach 23 Jahren im Bundestag erreicht man das Höchstruhegeld von knapp 5.000 Euro.

Zum Vergleich: Ein während seines Erwerbslebens stets durchschnittlich verdienender Arbeitnehmer erhält nach 45 Beitragsjahren eine gesetzliche Rente in Höhe von 1.370,25 Euro im Westen und 1.289,70 Euro im Osten. Also deutlich weniger als ein Bundestagsabgeordneter für acht Jahre Arbeit.

Die Frage, ob Abgeordnete überbezahlt sind oder zu viele Privilegien genießen, ist müßig. Sie stellt sich auch bei anderen Berufsgruppen, vom Popstar über den Fußballprofi bis hin zum Bankmanager und Konzernchef. Das eigentliche Geschmäckle an dieser Geschichte ist allerdings, dass es genau diese Abgeordneten waren und sind, die dem »Volk« mit großen Mehrheiten Rentenkürzungen, Hartz IV und weitere »alternativlose« Wohltaten verordneten. Auf Landesebene ist die Alimentation der Politiker zwar nicht ganz so üppig, aber das Prinzip ist dasselbe. Auch dann, wenn DIE LINKE an Regierungen beteiligt ist. Dass viele Wähler das als ein System abgehobener Eliten ansehen, als ein Machtkartell der »Altparteien« gegen die Mehrheit der Bevölkerung, ist jedenfalls verständlich.

Wie unabhängig sind Abgeordnete?

Auch hier klaffen Anspruch und Wirklichkeit weit auseinander. Im Artikel 38 Absatz 1 des Grundgesetzes heißt es zu den Abgeordneten: »Sie sind Vertreter des ganzen Volkes, an Aufträge und Weisungen nicht gebunden und nur ihrem Gewissen unterworfen.« Doch wer von den »Altparteien« heute in den Bundestag oder auch in Landtage entsandt wird, hat in der Regel bereits eine längere Ochsentour durch Parteihierarchien und entsprechende Gesinnungstests hinter sich. Zwar schmückt man sich bei allen Parteien auch gern mit einigen »Newcomern« und »Quereinsteigern«, doch das stets in dem Bestreben, ganz spezielle Wählerklientele gezielt anzusprechen.
Die Mandate sind in den Parteien heißbegehrt und entsprechend umkämpft. Man muss Allianzen schmieden und einflussreiche Verbündete gewinnen, um eine Chance auf einen aussichtsreichen Listenplatz oder die Direktkandidatur in einem »sicheren« Wahlkreis zu erhalten. Während Direktkandidaten von Mitgliedern oder Delegierten der jeweiligen Wahlkreise nominiert werden, obliegt die Zusammenstellung der Landeslisten den entsprechenden Landesgremien der Partei, in der Regel Parteitage oder De-

legiertenversammlungen, manchmal auch Landesmitgliederversammlungen. Näheres regeln das Bundeswahlgesetz und die Statuten der einzelnen Parteien.
Die Leitungsgremien der Parteien legen in der Regel komplette Vorschläge für die Listenaufstellung vor. Zwar können die Delegierten diese auch ändern, doch meistens markieren diese Listen bereits das Ende eines oft komplizierten innerparteilichen Aushandlungsprozesses zwischen verschiedenen Gruppen und Fraktionen. Dabei geht es oftmals nicht um divergierende politische Vorstellungen, sondern schlicht um Machtproporz und Pfründe. Es geht um Deals à la »Du verzichtest auf den Listenplatz und wirst dafür Staatssekretär in der nächsten Landesregierung« oder umgekehrt. Oftmals werden auch abgewählte Landespolitiker mit Bundestagsmandaten »entschädigt« beziehungsweise versorgt.
Dass diese Maschinerie meistens ganz gut funktioniert, liegt auch daran, dass bei vielen Parteien ein Großteil der Landesdelegierten, die ja letztlich entscheiden müssen, sich in einem direkten beruflichen Abhängigkeitsverhältnis zur Partei befindet, als Angestellte der Partei oder ihrer Stiftung, als Fraktionsmitarbeiter oder auch als Kommunal- und Landesabgeordneter. Und wer will schon seinen jetzigen Status und seine weitere politische Karriere durch unbotmäßiges Abstimmungsverhalten riskieren.
Das setzt sich dann im Bundestag und den Landtagen fort. Der Abgeordnete gehört zu einer Fraktion und ist angehalten, bei Abstimmungen die »Fraktionsdisziplin« zu wahren. Nur in seltenen Fällen wird dieser »Fraktionszwang« offiziell aufgehoben und das Abstimmungsverhalten freigegeben. »Abweichler« werden auch in Regierungsfraktionen bis zu einem gewissen Maß geduldet, vor allem wenn die eigenen Mehrheiten nicht gefährdet sind. Zumal abweichende Vo-

ten auch den parteitaktischen Zweck haben können, im Interesse der Wählerbindung öffentlich zu signalisieren, dass es in der Partei auch andere Strömungen als den jeweiligen Mainstream gibt. Der Spaß hört aber spätestens dann auf, wenn die Regierungsmehrheit oder auch eine eindeutige Positionierung in der Opposition gefährdet ist. Wer sich als Abgeordneter dann immer noch querstellt, kann sich zwar auf das Grundgesetz berufen (»an Aufträge und Weisungen nicht gebunden und nur ihrem Gewissen unterworfen«), aber auch seine Karriere vergessen, denn bei der kommenden Wahl wird er ganz bestimmt nicht mehr nominiert. Und das würden viele Abgeordnete angesichts ihres tollen Status und ihrer komfortablen Alimentierung sicherlich als ziemlich schade empfinden. Gewissen und Unabhängigkeit des Abgeordneten enden also oftmals dann, wenn sie mit der persönlichen Karriere- und Finanzplanung nicht in Übereinstimmung zu bringen sind. Auch in dieser Frage kann man also konstatieren, dass die Kritik der AfD am »Machtkartell der Etablierten« nicht ohne weiteres von der Hand zu weisen ist.

Wobei Zweifel angebracht sind, ob es bei ihr wirklich grundlegend anders zugeht. Gerade junge, aufstrebende Parteien mit noch schwachentwickelten Apparatestrukturen bieten bisher eher im Verborgenen oder im Abseits dümpelnden politischen Talenten die einmalige historische Chance, plötzlich ziemlich weit nach oben zu kommen. Und schon jetzt steht das Hauen und Stechen um die Fleischtöpfe in der AfD dem Geschehen in den »Altparteien« kaum nach. Doch noch hat die AfD genug Ansatzpunkte, um von vielen Wählern als »einzige Oppositionspartei« beziehungsweise als »Systemopposition« wahrgenommen zu werden. Die »Altparteien« haben dafür ja auch reichlich Steilvorlagen geliefert.

Die AfD und die »Lügenpresse«

Eine besondere Rolle beim Kampf gegen die »Eliten« und das »Machtkartell« nimmt die »Lügenpresse« ein, unter der im AfD-Umfeld so ziemlich alles subsumiert wird, was medial nicht die eigenen Wahrnehmungen und Überzeugungen transportiert. Die Vorwürfe gegen die etablierten Medien sind nicht ganz unberechtigt, obwohl die Stigmatisierung eines ganzen Berufsstandes, dem pauschal die Fähigkeit und der Mut zu unabhängiger und wahrheitsgemäßer Berichterstattung abgesprochen wird, sicherlich weit über das Ziel hinausschießt.

Allerdings tut man PEGIDA beziehungsweise der AfD bitter Unrecht, wenn man ihnen vorwirft, den Begriff direkt aus dem NS-Vokabular übernommen zu haben. Als »Lügenpresse« titulierten konservative Katholiken bereits Mitte des 19. Jahrhunderts die ersten bürgerlich-liberalen Zeitungen in Deutschland. Im Ersten Weltkrieg war die Zuordnung ebenfalls recht populär zur Kennzeichnung der Medien der Kriegsgegner. Die NSDAP ergänzte den Kampfbegriff gern mit »bolschewistische« beziehungsweise »jüdische«. Auch die KPD fand in der Weimarer Republik daran Gefallen, von der »bürgerlichen« beziehungsweise »kapitalistischen Lügenpresse« zu sprechen. In der DDR wurde das Wort im Rahmen des medialen Kalten Krieges ebenfalls benutzt, vornehmlich zur Kennzeichnung der westdeutschen Presse, im Westen wurde mit der »kommunistischen Lügenpresse« gekontert. In der Wendezeit wurde in gewissen Kreisen der DDR vor allem das Zentralorgan der SED, das *Neue Deutschland*, mit dem Begriff geschmäht.

Also erst einmal kein Grund zur Aufregung und kein Anlass für bedingte Reflexe. Hinter der derzeit verbreiteten

Verwendung des Begriffs steckt – grob verkürzt – die Vorstellung und auch subjektive Empfindung, dass alle großen überregionalen und regionalen Zeitungen und vor allem die öffentlich-rechtlichen, aber auch die privaten Sender eine Art informelles Meinungskartell bilden, das von den politischen und wirtschaftlichen Eliten gelenkt und kontrolliert wird. Dabei würden Fakten unterdrückt und gefälscht und abweichende Meinungen nicht zugelassen.

An diesem Vorwurf ist in gewisser Hinsicht natürlich etwas dran. Die politischen Parteien und die großen Verbände üben über die Rundfunkräte besonders bei Personalentscheidungen direkten Einfluss auf die Arbeit der öffentlich-rechtlichen Sender aus. Bei privaten Sendern und Zeitungen haben natürlich die Besitzer und großen Anteilseigner dieser Medien ein erhebliches Wort mitzureden. Auch Interventionen von wichtigen Werbekunden können Einfluss auf die Berichterstattung haben.

Bekannt sind auch die engen Verbindungen und »direkten Drähte« zwischen einigen Chef- und leitenden Redakteuren und politischen Amtsträgern. Wesentliche strategische Fragen werden meistens in »Hintergrundgesprächen« in kleiner Runde erörtert, die für »normale« Journalisten nicht zugänglich sind und über deren Inhalt man auch nur sehr selten etwas erfährt. Die beiden mächtigsten Frauen in der deutschen Medienlandschaft, Liz Mohn (*Bertelsmann*-Konzern) und Friede Springer (*Springer*-Verlag), haben wesentlich zum Aufstieg und zum langen Machterhalt von Angela Merkel beigetragen. Und natürlich gibt es phasenweise bei Zeitungen (bei Sendern eher nicht) so etwas wie eine von der Chefredaktion vorgegebene »Blattlinie« zu bestimmten Themen. Besonders augenfällig ist das mitunter bei der BILD, der immer noch auflagenstärksten Zeitung in Deutschland. Diese bediente zum Beispiel monatelang intensiv das Klischee von den »faulen Griechen«, die unsere Steuergelder verprassen, und setzte andererseits auf dem Höhepunkt der Flüchtlingskrise ab Ende August 2015 auf permanente, stereotype Bilder und Botschaften für die »Willkommenskultur« in Deutschland.

Zaghafte Selbstkritik

Nach einer Phase der Ausgrenzung und Diffamierung der Medienkritiker (»neofaschistische Hetzparolen« etc.) dämmerte vielen Journalisten und Sozialwissenschaftlern allmählich, dass Schlagworte wie Lügen-, Mainstream- oder Systempresse zugespitzter Ausdruck einer großen Vertrauens- und Akzeptanzkrise gegenüber den etablierten Medien sind. »›Wir müssen uns auch damit auseinandersetzen, dass zehn bis 20 Prozent der Bevölkerung kein Vertrauen mehr in ›die‹ Medien haben‹«, sagte der Soziologe Dieter Rucht auf einer Veranstaltung des Berliner *Tagesspiegels*. »Der Vorwurf ›Lügenpresse‹ drücke eine gesellschaftliche Stimmung aus.« Wolfgang Herles, ehemaliger Redaktionsleiter der ZDF-Kultursendung »aspekte«, sprach in diesem Zusammenhang von einem »›Konformismus der Mitte‹«, der »mitverantwortlich für die Skepsis gegenüber den etablierten Medien« sei. »›Der Unterschied zwischen den Zeitungen ist geringer geworden. Es wird immer mehr das gedruckt, wovon man denkt, es könnte dem Leser gefallen.‹ Orientierten sich die Medien aber nur noch an den vermeintlichen Wünschen der Leser, werde auch nur noch die Mitte der Gesellschaft abgebildet.«[7]

Auch der Netzaktivist und *Spiegel*-Autor Sascha Lobo mahnte in seiner Kolumne am 30. November 2016 eindringlich Selbstkritik an: »Denn es *gibt* ja Medienprobleme, und sie zu verschweigen, wäre ungefähr das Kontraproduktivste, was man tun kann. (...) Und wenn man den Unterschied der Haltungen zwischen der urbanen, vernetzten, gut ausgebildeten Medienelite und den Leuten ›draußen im Lande‹ betrachtet, erahnt man, welches Gefühl die Lügenpresse-Fraktion umtreibt: Niemand, der ist wie ich, schreibt in den großen Blättern. Boulevard als Imitation medialer Volksnähe hin oder her, auch diejenigen, die nicht ›Süddeutsche‹, ›FAZ‹, ›Zeit‹ oder den SPIEGEL lesen, wissen um deren Deutungsmacht.« Die Medien stünden durch die neue Konkurrenz im Netz gewaltig unter Druck, vor allem ökonomisch. »Wer aber mittelfristig um seine Existenz bangen muss, dem fällt es nicht leicht, aus einer Position der Stärke offen und souverän mit den eigenen Schwächen umzugehen. Aus diesen Gründen werden auch echte, von außen nachvollziehbare Fehler in Redaktionen oft nicht so behandelt, wie es das Publikum erwartet. Aus einem Irrtum – oder auch aus Wunschdenken, gegen das niemand immun ist – kann so aus der Perspektive der Öffentlichkeit eine ›Lüge‹ werden.«[8] Lobo beklagt in seiner Kolumne ferner eine »Gatekeeper-Mentalität« in vielen Medien. Man sehe sich als »Entscheidungsinstanz, was man dem Publikum auf welche Weise in welcher Tiefe mitteilt und was nicht«. In Zeiten neuer Medien im Netz sei diese Haltung aber obsolet geworden. Zitiert wird in diesem Zusammenhang Bundespräsident Frank-Walter Steinmeier, der noch in seiner Zeit als Außenminister in einer Rede im November 2014 zu dem Thema gesagt hatte: »Der Meinungskorridor war schon mal breiter. Es gibt eine erstaunliche Homogenität in deutschen Redaktionen, wenn sie Informationen gewichten und einordnen. Der Konformitätsdruck in den Köpfen der Journalisten scheint mir ziemlich hoch. Das Meinungsspektrum draußen im Lande ist oft erheblich breiter.«[9]

Dennoch ist es bei nüchterner Betrachtung abwegig, daraus so etwas wie flächendeckende »weisungsgebundene Berichterstattung« mit dem Ziel einer »Meinungsdiktatur« zu konstruieren. Wer sucht, der findet auch zu brennenden Fragen wie Flüchtlingspolitik, Islam, Euro-Krise, Kriminalität, Altersarmut, Demokratiedefizite oder aggressive Politik gegen Russland in allen großen Zeitungen und Zeitschriften und in den Archiven aller öffentlich-rechtlichen Sender unzählige informative und auch äußerst kritische Beiträge, die alles andere als dem politischen »Mainstream« entsprechen.

Auch die AfD kann sich, nach einer gewissen Phase der »Ausgrenzung«, nicht mehr über mangelnde Präsenz bei der vielgeschmähten »Lügenpresse« beschweren. Führende AfD-Politiker sind regelmäßige Gäste bei den großen Talkshows und werden auch regelmäßig interviewt. Bei den Gesprächsrunden nach Landtagswahlen werden sie nicht anders behandelt als die Politiker anderer Parteien. Vielmehr erscheint es – vor allem auf mittlerer und unterer Ebene der Partei – so, als ob viele AfD-Anhänger von sich aus jegliches Gespräch mit der »Lügenpresse« verweigern.

Diese Parole beinhalte eben nicht nur legitime Medienkritik, sondern eine »Generalverurteilung« und »Totalverweigerung der Diskussion und des Zuhörens«, so Lobo weiter. Wer »Lügenpresse« sage, »möchte sich damit selbst gegen jedes mögliche Argument imprägnieren«. In jener Sphäre des Internets, in der »Lügenpresse« zum guten Ton gehört, gebe es keinerlei Meinungsspektrum: »Merkel ist schlimm. In jedem einzelnen Artikel, Ausgleich null. Die Meinung gerinnt so zu einem gefühlt feststehenden Faktum.«[10]

Was sollen Journalisten tun?

Dazu ein kleiner Exkurs zu den Grundprinzipien einer unabhängigen Berichterstattung, die zweifellos in vielen Fällen gröblich missachtet werden. Ein »sauberer« Bericht basiert auf nachprüfbaren Quellen oder enthält die Kennzeichnung, wenn dies – aus welchen Gründen auch immer – nicht der Fall ist. Bei der Wiedergabe von Positionen ist es in vielen Fällen angebracht, auch eine Gegenmeinung einzuholen und zu dokumentieren. Das gilt besonders dann, wenn es sich um eine »wertende« Berichterstattung handelt. Natürlich darf (und sollte) ein Journalist auch eine eigene Meinung haben, diese gehört aber in einen Kommentar, ein Essay oder eine Glosse. Die Arbeit der Redaktionen sollte so gestaltet werden, dass die Unabhängigkeit des Journalisten geschützt wird, zum Beispiel durch entsprechende Redaktionsstatuten. Das ist in den meisten großen Medien auch der Fall, was allerdings nicht heißt, dass direkte Eingriffe von Chefredaktionen, Programmdirektoren, Ressortleitern etc. ausgeschlossen sind.

Die Pressefreiheit ist in Deutschland ein hohes Gut und gehört zu den im Grundgesetz verankerten Grundrechten. Ihre Grenzen werden nicht durch Zensur, sondern durch das Presse-, Straf- und Zivilrecht gesetzt. Jede legale politische Strömung, von der NPD bis zur Marxistisch-Leninistischen Partei Deutschlands (MLPD), kann eigene Zeitungen herstellen und offiziell vertreiben, auch an Kiosken und über die offiziellen Vertriebskanäle für Abonnenten.

Wobei nicht unter den Tisch fallen soll, dass es in der Geschichte der BRD etliche staatliche Übergriffe auf Medien und einzelne Journalisten gab, bis hin zu Verhaftungen, Durchsuchungen von Redaktionsräumen und der Beschlagnahme von Datenträgern. Daraus ein in sich geschlossenes

System der »Meinungsdiktatur« zu konstruieren, erscheint aber dennoch arg weithergeholt. Zumal gerade die entsprechend ausgestatteten »Leitmedien« in den vergangenen Jahren einige große Skandale aufgedeckt und dokumentiert haben, was vielen Angehörigen der »Eliten« gewaltig auf den Magen geschlagen haben dürfte. Wie zum Beispiel die »Panama Leaks« mit unzähligen, journalistisch aufbereiteten Daten über Schwarzgeldkonten von Prominenten.

Neue Medien und »alternative Fakten«

Generell kann man feststellen, dass sich die Medienlandschaft in den vergangenen Jahren radikal verändert hat. Das Internet und dabei besonders die sogenannten sozialen Netzwerke wie *Facebook* schaffen vollkommen neue Möglichkeiten der unzensierten und unkontrollierten Weitergabe von Nachrichten und Meinungen. Als Grundlage für auch aufwendige, zeitungsähnliche Publikationen braucht man weder einen Verlag noch einen Vertrieb, geschweige denn eine Druckmaschine. Es reichen ein handelsüblicher PC oder Laptop, ein bisschen Software, eine angemeldete Domain und eine Internetverbindung. Auch Audio- und Videobeiträge bis hin zu Live-Übertragungen können auf diesem Weg ohne allzu großen Aufwand realisiert werden. Kommerzielle, aber auch unabhängige Anbieter haben teilweise eine Nutzerreichweite, von der etablierte Medienhäuser nur träumen können. Blogs, Foren oder *Facebook*-Gruppen bieten zusätzliche Kanäle der Kommunikation und der Verbreitung von Nachrichten und anderen Beiträgen.

Eigentlich kann sich also niemand mehr glaubhaft darüber beschweren, dass seine Meinung unterdrückt oder zensiert wird. Es reicht ein Mausklick, um sie Millionen Menschen zugänglich zu machen. Doch mit Meinungspluralismus als Grundlage eines vernünftigen Diskurses hat das leider wenig zu tun. Die meisten »alternativen Medien«, sei es im Netz oder gedruckt, verstehen sich als weitgehend monolithische Gesinnungsgemeinschaften auf der Grundlage unumstößlicher Gewissheiten. In diesem Zusammenhang wird von »Filterblasen« oder »Echokammern« gesprochen. Man bewegt sich fast ausschließlich in einem medialen Umfeld, das die eigene Anschauung teilt und permanent bestärkt. Grundprinzipien medialer Arbeit, wie der Bezug auf unterschiedliche verifizierbare Quellen, verlieren dabei an Bedeutung, Zweifel und Widerspruch werden nicht geduldet. Drastische Beispiele dafür sind die vermeintliche Vergewaltigung eines russlanddeutschen Mädchens durch Migranten in Berlin-Marzahn und die angebliche Verstrickung eines jungen Flüchtlings, der durch ein »Selfie«-Foto mit Bundeskanzlerin Angela Merkel bekannt wurde, in terroristische Aktivitäten. Beides war vollständig erfunden, wurde aber umfassend verbreitet – und in der »Echokammer« auch ohne jeglichen Beleg geglaubt und immer weiter verbreitet –, weil es dem eigenen gefestigten Weltbild entspricht. Der Hildesheimer Politikwissenschaftler Wolf Jürgen Schünemann beschrieb dieses Phänomen im Deutschlandfunk folgendermaßen: »Heute haben wir eine Vielzahl von Informationskanälen und in der Tat Bürgerinnen und Bürger, die bewusst sagen, was in den etablierten Medien verbreitet wird, das schau ich mir gar nicht mehr an. Ich hab da meinen Blog und meinen Facebook-Account mit Freunden, die mich mit Nachrichten versorgen, und mit meinen Feeds, die ich abonniert habe, und das sind meine Nachrichtenquellen.«[11]

Zur neuen Medienwelt und ihren Auswirkungen gehört auch, dass Fakten, zu denen seriös ermittelte und nachprüfbare Zahlen gehören, als irrelevant eingestuft werden, wenn sie dem eigenen Weltbild nicht entsprechen. »Es geht nicht um die reine Statistik, sondern es geht darum, wie das der Bürger empfindet«, erklärte der Berliner AfD-Spitzenkandidat Georg Pazderski nach der Wahl zum Abgeordnetenhaus im September 2016 auf die Frage, warum seine Partei nie erwähne, dass über 95 Prozent der Migranten in Deutschland friedlich und gesetzestreu lebten: »Im Englischen gibt es ein schönes Wort, das heißt, Perception is Reality, also, was man fühlt, ist Realität. Wir dürfen nicht über die Angst der Bürger hinweggehen«, so Pazderski weiter.[12]

Doch solche faktenresistenten und diskursverweigernden medialen »Filterblasen« findet man auch reichlich auf der anderen Seite. In etlichen »linken« Foren wird jegliche Kritik an der ungeregelten Zuwanderung und am politischen Islam, wie sie beispielsweise auch von den prominenten LINKEN-Politikern Sahra Wagenknecht und Oskar Lafontaine geäußert wird, pauschal als »Rassismus« eingestuft und mit »AfD-Nähe« assoziiert.

Zum fahrlässigen Umgang mit Fakten gehört aber auch, wenn auf Intervention der Bundesregierung aus dem aktuellen Armuts- und Reichtumsbericht eine Passage gestrichen wird, die den überproportionalen Einfluss des reicheren Teiles der Bevölkerung auf die Politik darlegt.[13]

Oder dass über einen mutmaßlich von einem afghanischen Flüchtling begangenen Sexualmord an einer Freiburger Studentin in der »Tagesschau« zunächst nicht berichtet wurde. Auch die wohlmeinende Intention, Ressentiments gegenüber Flüchtlingen und Migranten nicht weiter zu schüren, rechtfertigt nicht, dass Medien, besonders öffentlich-rechtliche, Nachrichten zurückhalten. Zumal damit denjenigen, die davon ausgehen, dass die »Mainstream-Medien« im Auftrag der Merkel-Regierung unliebsame Fakten unterdrücken, reichlich Futter gegeben wird.

Wenn die weitverbreitete Skepsis bis hin zur schroffen Ablehnung der »Lügenpresse« dazu führt, dass die etablierten Medien ihre eigentliche Aufgabe – unabhängige, schonungslose Berichterstattung und umfassende Darstellung verschiedener Standpunkte – wieder stärker wahrnehmen, dann wäre das ein Erfolg, den sich auch die AfD-Anhänger auf die Fahnen schreiben könnten. Wobei in dieser Klientel in Sachen Offenheit und Diskursbereitschaft auch so einiges im Argen liegt.

Rinks und Lechts

In der politischen Auseinandersetzung spielen die Selbstverortung und die Klassifizierung politischer Konkurrenten und Gegner eine wichtige Rolle. Zwar setzte in Deutschland seit Mitte der 1980er Jahre ein regelrechter Run in die politische »Mitte« ein, doch die Zuordnung zum linken beziehungsweise rechten Spektrum hat nach wie vor große Bedeutung.

Seinen Ursprung hat dies in der verfassungsgebenden Nationalversammlung nach der Französischen Revolution im Jahr 1789. Dort wurden die politischen Lager per Sitzordnung definiert. Auf der linken Seite saßen Republikaner und Revolutionäre, auf der rechten die Anhänger der Monarchie. Das Muster machte Schule und feierte 1848 auch in Deutschland seine Premiere, anlässlich der konstituierenden Versammlung des Parlaments in der Frankfurter Paulskirche. Nun spielt die Auseinandersetzung zwischen Republikanern und Monarchisten in Deutschland keine sonderliche Rolle mehr. Letztere treten nur noch in Form von durchgeknallten »Reichsbürgern« und hartleibigen Preußen-Nostalgikern auf. Dennoch wird diese Einteilung weiterhin gepflegt.

Wobei sich die Lager im Laufe der Zeit stark aufgefächert haben. Die Rechts-Links-Zuordnung wird in der Regel durch Attribute wie »demokratisch«, »radikal«, »orthodox«, »neu«, »extrem« oder »populistisch« ergänzt. Doch gerade auf der linken Seite wurde es in den vergangenen Jahren immer komplizierter. Nicht nur, dass es ökologische Linke und linke Feministinnen gibt (jeweils in Abgrenzung zu anderen Strömungen); wir haben es auch mit einer »postmodernen Linken« zu tun, deren Anhänger sich mehr mit

Migrations-, Gender-, Lifestyle- und netzpolitischen Fragen als mit dem guten, alten Klassenkampf beschäftigen.
Während wie auch immer geartete Linke in der Regel zu ihrer Einordnung stehen oder sogar darauf bestehen, sieht es auf der Gegenseite anders aus, denn der Begriff »rechts« ist immer noch weitgehend negativ mit dem deutschen Faschismus assoziiert. So werden Teile der CDU/CSU von ihren linken politischen Gegnern aufgrund bestimmter politischer Positionen gern als »rechts« eingestuft – was diese aber in der Regel weit von sich weisen. Denn dort begreift man sich als liberal-, wert- und manchmal auch als nationalkonservativ.
Die in diesem Schema nicht so einfach zu erfassenden Liberalen werden ebenfalls in »Linke« und »Rechte« eingeteilt. Besonders bei Bündnissen kommt dann wieder die »Mitte« ins Spiel, man spricht von »Mitte-Links«- beziehungsweise »Mitte-Rechts«-Koalitionen. Diese Beschreibungen wurden seit Mitte der 1980er Jahre durch Farbenspiele ergänzt und teilweise ersetzt. Wir haben es jetzt mit »rot« (SPD und LINKE), »grün« (die gleichnamige Partei), »schwarz« (CDU/CSU) und »gelb« (FDP) zu tun. Der AfD wurde die Farbe Blau zugeordnet, wohl in Anlehnung an Österreich, wo die partiell vergleichbare FPÖ als »Die Blauen« firmiert. Der NPD verpasste man, sozusagen historisch-klassisch, ein sattes Braun. Mögliche Koalitionen wurden dann noch weiter symbolisiert, und zwar mit Flaggenfarben. So firmiert ein Bündnis von CDU, FDP und Bündnis 90/Die Grünen als »Jamaika-Koalition«, während SPD, Grüne und FDP sich zu einer »Ampel« formieren. Manchmal ist Politik einfach nur wie Kindergarten.
Klar wird bei diesem sicherlich unvollständigen Versuch der Durchdringung des Links-Rechts-Schemas, dass die historischen Gegensätze zwischen den beiden Lagern nicht mehr

sonderlich taugen. Die da wären: egalitär versus elitär, nationalistisch versus internationalistisch, progressiv versus bewahrend oder auch restaurativ.

Abgrenzung von »Extremisten«

Für diejenigen, die sich gern als »politische Mitte« bezeichnen, bleibt die Rechts-Links-Zuordnung allerdings unverzichtbar, vor allem um beide Lager als »extremistisch« einzustufen. Dazu dient die »Totalitarismustheorie« in ihrer modernen Variante, auch als »Hufeisentheorie« bekannt. Erstere bezog sich vor allem auf einen Vergleich der Systeme des Faschismus und des Stalinismus. Obwohl beide Ideologien sich strikt gegeneinander stellten und bekämpften, zeigten sie, so die Position von Totalitarismusforschern, eine Reihe auffälliger formaler und inhaltlicher Ähnlichkeiten. Hannah Arendt bezeichnete den Nationalsozialismus und den Stalinismus als »Variationen des gleichen Modells«.[14] Der Historiker Ernst Nolte parallelisierte am 6. Juni 1986 in einem Artikel der FAZ den »Rassenmord« der Nationalsozialisten mit dem »Klassenmord« unter der KPdSU unter Josef Stalin.[15]
In der Bundesrepublik gehörte die Totalitarismustheorie viele Jahrzehnte praktisch zur Staatsraison und richtete sich mit dem Slogan »rot gleich braun« vor allem gegen Sozialisten und Kommunisten, die – bis zum heutigen Tage – auch des Öfteren als »rotlackierte Faschisten« stigmatisiert wurden. Wer die herrschende Gesellschaftsordnung, die später mit dem verfassungsrechtlichen Phantombegriff »freiheitlich-demokratische Grundordnung« versehen wurde, in Frage stellte, wurde dem totalitären Lager zugeordnet. Den beiden großen Volksparteien oblag dabei die Grenzziehung.

Die CDU/CSU definierte sich auch über den Anspruch, dass »rechts« von ihr keine demokratisch legitimierte Partei erstarken darf, und die SPD grenzte sich gegen »linksextreme« Strömungen ab, unter anderem durch Unvereinbarkeitsbeschlüsse gegen den ihr ursprünglich nahestehenden Studentenverband SDS und Parteiausschlussverfahren gegen Anhänger der »Stamokap-Theorie«, die zeitweilig großen Einfluss bei der SPD-Jugendorganisation (Jusos) hatten und Bündnisse mit Kommunisten zur Überwindung des staatsmonopolistischen Kapitalismus befürworteten.

Auch die heutigen »Altparteien« Grüne und LINKE können von den Auswirkungen der Totalitarismustheorie ein Liedchen singen. In den ersten Jahren ihres Aufschwungs wurden sie von den damaligen »Altparteien« fast unisono als »Verfassungsfeinde«, »Linksextremisten« und ähnlich tituliert. In Kommunal- und Landesparlamenten, aber vor allem im Bundestag wurden die neuen Fraktionen zunächst konsequent ausgegrenzt, eine parlamentarische oder gar Regierungszusammenarbeit galt dauerhaft als ausgeschlossen. Doch bereits nach wenigen Jahren änderte sich das Bild. 1985 entstand in Hessen die erste »rot-grüne« Koalition auf Landesebene, der bald weitere folgten. Und 1998 war der Integrationsprozess der Grünen so weit fortgeschritten, dass die Zeit reif für eine »rot-grüne« Bundesregierung war. So weit hat es DIE LINKE noch nicht gebracht. Aber auch dort gab es eine rasche Annäherung. Während anfangs (auch bei der SPD) stets von den »Erben der SED-Diktatur«, mit denen es keinerlei Zusammenarbeit geben könne, die Rede war und einige Unionspolitiker gar ein Parteiverbotsverfahren forderten, gab es bereits 1994 in Sachsen-Anhalt das erste offizielle Bündnis mit der PDS, zwar nicht als offizielle Koalition, aber in Form einer Vereinbarung zur Tolerierung einer SPD/Grünen-Minderheitsregierung. Vier Jahre später folgte die erste »richtige« Koalition, und zwar in Mecklenburg-Vorpommern. Zu dem Wandel gehört aber nicht nur die wachsende Offenheit bei der SPD (und auch den Grünen) für solche Konstellationen, sondern auch die erklärte Orientierung der PDS und später der Linkspartei auf derartige Bündnisse. Mittlerweile stellen Grüne (in Baden-Württemberg) und LINKE (in Thüringen) sogar jeweils einen Ministerpräsidenten und führen Koalitionen an, in denen sich die alten »Volksparteien« CDU und SPD mit der ungeliebten Rolle des Juniorpartners zufriedengeben müssen. Angesichts dieser Erfahrungen darf man gespannt sein, welche Halbwertzeit die Abgrenzungsrituale der CDU gegenüber der AfD haben werden.

Die Politik als Hufeisen

Als moderne Variante der Totalitarismustheorie ist derzeit die »Hufeisentheorie« en vogue. Diese geht davon aus, dass sich die Ränder der breiten politischen Mitte gleich Schenkeln eines Hufeisens immer weiter aufeinander zubewegen und sich selbst schließlich näher sind als der Mitte. In der aktuellen politischen Auseinandersetzung wird dies auch an den »Übereinstimmungen« zwischen der AfD und der LINKEN festgemacht. Häufig genannte Beispiele sind die Ablehnung von Freihandelsabkommen wie TTIP und CETA, Auslandseinsätzen der Bundeswehr und der aggressiven Außenpolitik gegen Russland im Rahmen der NATO. Auch die Skepsis bis hin zur Ablehnung der EU und der Gemeinschaftswährung Euro in beiden Lagern gelten als Beleg für die Hufeisentheorie. Sogar in der Flüchtlingspolitik werden Berührungspunkte konstatiert, da es in der LINKEN einen vor allem von der Fraktionsvorsitzenden Sah-

ra Wagenknecht und ihrem Ehemann Oskar Lafontaine repräsentierten Flügel gibt, welcher der »alternativlosen« Merkelschen Flüchtlingspolitik und der damit zeitweilig verbundenen unkontrollierten Zuwanderung ausgesprochen kritisch gegenübersteht, während andere Teile der Partei nach wie vor die Forderung nach »offenen Grenzen und Bleiberecht für alle« aufrechterhalten.
Dennoch ist die Hufeisentheorie in höchstem Maße unseriös und irreführend. Denn sie bezieht sich willkürlich auf Einzelphänomene und ignoriert das deutlich unterschiedliche Gesellschaftsbild dieser beiden Parteien.

Und wo steht die AfD?

Also genug der politischen Gesäßgeographie und zurück zur AfD und deren Verortung im politischen Spektrum. Links ist sie ganz bestimmt nicht, was unter anderem Jörg Meuthen, Bundesparteisprecher und Fraktionsvorsitzender in Baden-Württemberg, in einer Landesparteitagsrede mit drastischen Worten formulierte: »Wir wollen weg vom *links*-rot-*grün*-versifften 68er-Deutschland und hin zu einem friedlichen, wehrhaften Nationalstaat.«[16]
Eine quasi offizielle Selbsteinstufung als »rechte« Partei ist in der AfD allerdings umstritten. Vor allem die wirtschaftsliberal-wertkonservativen Gründerväter lehnten dies kategorisch ab. In einem Essay erklärte der Philologe und Publizist Konrad Adam, der zeitweilig auch dem Bundesvorstand angehörte, das Links-Rechts-Schema für historisch überholt. Dort heißt es: »Aber auch der größte Lärm kann nicht darüber hinwegtäuschen, dass sich der Gegensatz erschöpft hat, das Schema obsolet geworden ist, das Wortpaar nichts mehr taugt. So gut wie alle großen Streitfragen der Gegen-

wart – Währungsunion und Klimaschutz, Völkerwanderung und Mindestlohn, China, der Nahe Osten und so weiter – lassen sich auf der Rechts-Links-Schiene nicht mehr abbilden. Die Unterscheide decken sich nicht mehr mit den Lagergrenzen, sie durchziehen die Lager selbst und schaffen Gemeinsamkeiten, die es früher nicht gab.«[17]

Gründer Bernd Lucke bezeichnete den bereits vor dem eskalierenden Flügelstreit oft erhobenen Vorwurf, die AfD sei eine rechte beziehungsweise rechtspopulistische Partei, in einem Interview mit der *Wirtschaftswoche* als »Unfug«. Rechtspopulistisch sei vielmehr eine Partei, »die eine PKW-Maut nur für Ausländer fordert. Das sind bekanntlich nicht wir. Aber es ist in der Tat sehr verletzend, wenn unsere Gegner uns in die Nähe des Rechtsradikalismus zu rücken versuchen. Wir setzen uns kritisch mit dem Euro auseinander. Wir sind für eine geordnete Zuwanderung. Was ist daran rechts?«[18] Dagegen erklärte Frauke Petry nach dem Einzug ihrer Partei in den Sächsischen Landtag im August 2014, ihr Leitbild sei eine »rechte, demokratische Politik«.[19] Doch derartige Postulate bleiben – zumindest in offiziellen Parteiverlautbarungen – eine Seltenheit.

Satzung und Grundsatzprogramm geben in dieser Hinsicht ebenfalls wenig her. In der Präambel der Satzung heißt es: »In ernster Sorge vor politischen und wirtschaftlichen Fehlentwicklungen in Deutschland und in der Europäischen Union haben wir die Partei Alternative für Deutschland gegründet. Die europäische Schulden- und Währungskrise hat viele Menschen davon überzeugt, dass die bislang im Bundestag vertretenen Parteien zu einer nachhaltigen, transparenten, bürgernahen, rechtsstaatlichen und demokratischen Politik nicht imstande oder nicht willens sind. Wir formulieren Alternativen zu einer angeblich alternativlosen Politik. Dabei bejahen wir uneingeschränkt die freiheitlich-demokratische Grundordnung der Bundesrepublik Deutschland.« Und auch die Voraussetzungen für eine Mitgliedschaft sind eindeutig formuliert. Voraussetzungen für die Mitgliedschaft in der AfD seien »insbesondere das Bekenntnis zum freiheitlichen, demokratischen und sozialen Rechtsstaat und die Bejahung der Grundrechte«.[20]

Auch im Grundsatzprogramm finden sich ausgesprochen staatstragende Formulierungen, die man so oder so ähnlich auch bei anderen Parteien finden kann. Die Einleitung beginnt mit den Worten: »Als freie Bürger treten wir ein für direkte Demokratie, Gewaltenteilung und Rechtsstaatlichkeit sowie soziale Marktwirtschaft, Föderalismus, Familienförderung und die gelebten Traditionen deutscher Kultur. In der Nachfolge der beiden Revolutionen von 1848 und 1989 artikulieren wir mit unserem bürgerlichen Protest den Willen, die nationale Einheit in Freiheit zu vollenden und ein Europa zu schaffen, dessen souveräne demokratische Staaten einander in Frieden, Selbstbestimmung und guter Nachbarschaft verbunden sind.«[21]

Für eine Klassifizierung als »rechte« Partei oder gar die Feststellung einer Nähe zum Nationalsozialismus taugt das wohl kaum. Dabei kann man allerdings nicht übersehen, dass ein relevanter Teil öffentlich wahrnehmbarer AfD-Spitzenpolitiker nahezu lustvoll mit einer Rhetorik spielt, die eindeutige Anklänge an NS-Propaganda und deren »Aktualisierung« durch neofaschistische Parteien aufweist, oder auch Anschauungen formuliert, die mit dem Grundgesetz nicht vereinbar sind. Im Falle des thüringischen Fraktionsvorsitzenden Björn Höcke führte dies zu einem vom AfD-Vorstand mehrheitlich beschlossenen Antrag auf Ausschluss aus der Partei. Dabei geht es nicht nur um seine berühmt berüchtigte »Dresdner Rede«, die in Teilen als Relativierung der Verbrechen des Holocaust interpretiert wird, sondern unter anderem auch um eine weitere Rede, auf einer Veranstaltung der »Jungen Alternative Berlin« am 26. September 2015. In einem von ihm ausdrücklich bestätigten Zitat heißt es: »Christentum und Judentum stellen einen Antagonismus dar. Darum kann ich mit dem Begriff des christlich-jüdischen Abendlands nichts anfangen.«[22]

Und Höcke steht nicht allein. So bezeichnete Dubravko Mandic, Vorsitzender des baden-württembergischen AfD-Schiedsgerichts, den US-Präsidenten Barack Obama wiederholt als »Quotenneger«[23]. Markus Frohnmaier, der Bundesvorsitzende der Jungen Alternative für Deutschland (JA), wird vom *Handelsblatt* mit den Worten zitiert: »Ich sage diesen linken Gesinnungsterroristen, diesem Parteienfilz ganz klar: Wenn wir kommen, dann wird aufgeräumt, dann wird ausgemistet, dann wird wieder Politik für das Volk und nur für das Volk gemacht – denn wir sind das Volk, liebe Freunde.«[24]

Die Liste ließe sich beliebig erweitern, doch das führt zu nichts. Absurde bis widerliche Äußerungen lassen sich bei Politikern aller Parteien finden, wenn vielleicht auch nicht in dieser Häufung. Messen muss man die AfD in erster Linie an ihrem Programm und an ihrer konkreten Politik als Partei. Und daran, dass sie Fragen aufwirft und Ängste thematisiert, die bei den »Altparteien« weitgehend tabuisiert sind, aber in großen Teilen der Bevölkerung auf Resonanz stoßen. Man könnte auch sagen: tabuisiert waren, denn bereits jetzt ist erkennbar, dass sich die »Altparteien« bemühen (müssen), darauf einzugehen und auf die AfD-Anhänger zuzugehen.

AfD und Wahlen: Eine Erfolgsgeschichte

Irgendwann kommt immer der Moment, wo man eine neue, aufstrebende Partei nicht mehr totschweigen oder kleinreden kann und auch pauschale Verunglimpfungen nicht mehr weiterhelfen. Davon können auch Grüne und die PDS ziemlich viele Lieder singen. Oder auch die Piraten, die allerdings nach einem kurzen, heftigen Siegeszug in mehreren Bundesländern schlagartig als politische Sternschnuppe verglühten. Nachdem bei den »Altparteien« und ihrem Umfeld die Hoffnung verflogen war, dass sich auch die AfD nach der Spaltung im Zuge des Machtkampfes der Lager von Frauke Petry und Bernd Lucke quasi von selbst erledigen würde, trat die weitverzweigte Zunft der Soziologen und Empiriker mit geballter Wucht auf den Plan, verstärkt durch einige Kaffeesatzleser und Glaskugelinterpreten. Wer sind eigentlich die AfD-Wähler? Was treibt sie um, was wollen sie erreichen? Und wie kann man ihre Ausbreitung möglicherweise verhindern? Das waren die gängigen Fragestellungen. Eine umfassende Dokumentation der unzähligen Studien, mehr oder weniger repräsentativen Umfragen und eher freihändig verfassten Analysen würde ein mehrbändiges Nachschlagewerk füllen. Dazu kommt, dass die Einschätzungen sehr widersprüchlich sind. Der Grat zwischen empirischer Wissenschaft und interessengeleiteter »Forschung« ist mitunter ziemlich schmal. Nur weniges ist unstrittig. Die AfD wird hauptsächlich von Männern gewählt. Die bei sogenannten Nachwahluntersuchungen ermittelten Zahlen kommen in den verschiedenen Ländern auf Anteile von 65 bis 75 Prozent. Auch bei der Einordnung in die Alterskohorten ergibt sich ein relativ einheitliches Bild. Die höchsten Stimmanteile hat die AfD in der Gruppe der 25- bis 49-Jährigen. In ihren ostdeutschen Hochburgen hat sie aber auch beträchtliche Anteile bei jüngeren Wählern zu verzeichnen.

Wildern in allen Lagern

Deutlich ist auch, dass es der AfD gelungen ist, Menschen, die sich enttäuscht und verbittert von der Politik abgewendet haben, wieder zur Wahlteilnahme zu motivieren. Seit die AfD realistische Chancen hat, überall die Fünf-Prozent-Sperrklausel zu überwinden, ist die Wahlbeteiligung bei Landtagswahlen deutlich gestiegen. Davon hat die AfD bei den meisten Landtagswahlen viel stärker profitiert als die anderen Parteien. Demnach entschieden sich an dem »Superwahlwochenende« im März 2016 in Sachsen-Anhalt 101.000 vormalige Nichtwähler für die AfD, in Baden-Württemberg sogar 209.000, in Rheinland-Pfalz 80.000 und ein halbes Jahr später in Berlin 69.000.

Bei den Wählerwanderungen zeigte sich kein einheitliches Bild. Zwar bekommt die AfD überall Zulauf aus allen politischen Lagern, doch in unterschiedlicher Gewichtung. In Baden-Württemberg kamen 190.000 Wähler von der CDU, 90.000 von der SPD und immerhin 70.000 von den Grünen, die dort als stärkste Partei den Ministerpräsidenten stellten. In Rheinland-Pfalz verloren CDU und SPD 50.000 beziehungsweise 37.000 Wähler, die Grünen aber nur 5.000 an die AfD. In Sachsen-Anhalt, wo die AfD mit 24,3 Prozent ihr bisher bestes Ergebnis erzielte, machen die Gewinne von der CDU mit 38.000 ebenfalls den größten Posten aus. Aber auch 28.000 vormalige Wähler der LINKEN gaben diesmal der AfD ihre Stimme, gefolgt von der SPD mit 20.000.

Auch in Berlin kam die größte Gruppe der Wechselwähler von der CDU (39.000), doch SPD (24.000) und LINKE (12.000) mussten ebenfalls kräftig Federn in Richtung AfD lassen, die Grünen dagegen kaum. Eine Berliner Besonderheit waren die dort eher linken Piraten, die bei der vorhergehenden Wahl 7,9 Prozent der Stimmen erreicht hatten. 12.000 ehemalige Piraten-Wähler machten diesmal ihr Kreuz bei der AfD (aber 24.000 bei der LINKEN). In den Ost-Bezirken, wo die AfD teilweise zweitstärkste Kraft wurde und sogar mehrere Direktmandate erringen konnte, war der Zugewinn der AfD auf Kosten der »Altparteien« prozentual noch wesentlich drastischer.

Oft unterschätzt wird ein weiteres Wählerreservoir. Denn in allen Ländern kandidieren Kleinparteien, die entweder bundesweit agieren oder nur regional in Erscheinung treten. Dazu gehören beispielsweise die Piraten, die Familienpartei, die Tierschutzpartei oder auch Freie Wähler. In diesem Pool von »Protestparteien« hat die AfD ebenfalls sehr erfolgreich gefischt und konnte wesentlich mehr Wähler als die anderen Parteien gewinnen, teilweise sogar mehr als alle anderen zusammen. In Ostdeutschland gibt es eine weitere Besonderheit. Denn viele Protestwähler, die zuvor der in einigen Bundesländern recht starken neofaschistischen NPD ihre Stimme gegeben hatten, ohne überzeugte Neonazis zu sein, wählten jetzt AfD, was auch dazu führte, dass die NPD auf ihren »harten Kern« reduziert wurde und aus den Landtagen von Sachsen und Mecklenburg-Vorpommern flog.

Leichter Abwärtstrend

Etwas aus der Reihe fielen die Wahlen im Saarland, das mit seinen rund 800.000 Wahlberechtigten aber schwerlich für repräsentative Trends heranzuziehen ist. Auch hier stieg die Wahlbeteiligung erheblich, aber erstmals profitierte davon vor allem die CDU, die 28.000 Nichtwähler mobilisieren konnte – fast so viel wie alle anderen Parteien zusammen. Das wird gemeinhin der sehr populären Amtsinhaberin und Spitzenkandidatin Annegret Kramp-Karrenbauer zugeschrieben. An die AfD verlor die CDU lediglich 4.000 Wähler, genauso viel wie DIE LINKE. Bei der Gewinnung von Nichtwählern fiel die AfD im Saarland mit 8.000 Stimmen sogar noch hinter die SPD (13.000) zurück, die erstmals bei einer Landtagswahl mit dem »Schulz-Effekt« im Rücken antrat – und dennoch insgesamt deutlich verlor. Doch auch für die AfD verlief diese Wahl insgesamt enttäuschend, denn viele Umfragen hatten sie noch kurz vor der Wahl deutlich höher als die schließlich erreichten 6,2 Prozent eingestuft.

Auch in Schleswig-Holstein konnte die AfD am 7. Mai mit 5,9 Prozent in den Landtag einziehen. Die Hoffnungen der »Altparteien«, dass die innerparteilichen Auseinandersetzungen und die Demontage der Vorsitzenden Frauke Petry auf dem Kölner Bundesparteitag einige Wochen zuvor zu einer Erosion der AfD-Wählerbasis führen würden, erfüllten sich offenkundig nicht. Die Wählerwanderung zeigte hier aber ein ungewohntes Bild. Anders als in den vorangegangenen Wahlen konnte die AfD nur wenig bisherige Nichtwähler mobilisieren (11.000). Auch die Zugewinne auf Kosten von CDU, SPD und LINKE erreichten nicht die fast schon gewohnten Größenordnungen. Dafür machten vor allem vormalige Wähler der inzwischen bedeutungslosen Piraten, die 2012 mit 8,2 Prozent in den Landtag eingezogen waren, diesmal ihr Kreuz bei der AfD. Da es zwischen diesen Parteien kaum inhaltliche Übereinstimmungen gibt, kann man wohl von »klassischen« Proteststimmen sprechen.

Bei den Landtagswahlen in Nordrhein-Westfalen am 14. Mai gab es im Hinblick auf die AfD ebenfalls keine großen Überraschungen. Im mit Abstand größten Bundesland, in dem fast so viele Wahlberechtigte leben wie in allen fünf neuen Bundesländern zusammen, erzielte die Partei mit 7,4 Prozent ein solides Ergebnis, allerdings deutlich unterhalb früherer Prognosen. Doch sowohl die Grünen als auch DIE LINKE schnitten deutlich schlechter ab. Überdurchschnittliche Stimmenanteile gab es bei Arbeitern und Arbeitslosen, unterdurchschnittliche bei Rentnern. Ihre Wähler kamen vor allem aus den Lagern von SPD und CDU und in diesmal vergleichsweise geringerem Umfang von den Piraten und bisherigen Nichtwählern. Auch bei diesem Ergebnis ist nicht erkennbar, dass die innerparteilichen Querelen größeren Einfluss auf den Zuspruch für die AfD hatten, obwohl mit Marcus Pretzell ein in der Partei heftig umstrittener Exponent des »Petry-Flügels« als Spitzenkandidat fungierte. Während sich die AfD also auch in Nordrhein-Westfalen stabilisierte, gab es für die SPD und die Grünen dramatische Einbrüche. Die »rot-grüne« Landesregierung wurde regelrecht hinweggefegt, und Martin Schulz, der große Hoffnungsträger der SPD für die Bundestagswahlen, wirkte in den folgenden Tagen wie ein schwer angeschlagener Boxer, der wohl selber nicht mehr an einen Erfolg glaubt. AfD-Anhänger dürften dies mit einem lachenden und einem weinenden Auge konstatieren. Denn eines der quasi identitätsstiftenden kurzfristigen Ziele (»Merkel muss weg«) ist seit dieser Wahl in sehr weite Ferne gerückt.

Eine kleine Zwischenbilanz

1.) Die AfD hat sich binnen kurzer Zeit bundesweit als neue politische Kraft etabliert. Seit ihrem erstmaligen Einzug in einen Landtag im August 2014 in Sachsen hat sie bei allen zwölf folgenden Wahlen die Fünf-Prozent-Hürde überwun-

den. Dies ist außer den sogenannten Volksparteien SPD und CDU bisher keiner Partei gelungen. Im Gegenteil: Sowohl LINKE als auch Grüne verpassten bei einigen Wahlen in dieser Periode den erstmaligen - oder Wiedereinzug in die Länderparlamente, das gilt auch für die FDP.
2.) Die AfD hat ihre Hochburgen eindeutig in Ostdeutschland, besonders das Abschneiden in Sachsen-Anhalt (24,3 Prozent) ist das mit Abstand beste Ergebnis, das jemals von einer erstmalig kandidierenden Partei erzielt wurde. Doch auch in bürgerlich-konservativ geprägten westdeutschen Flächenländern wie Baden-Württemberg und Rheinland-Pfalz konnte sie scheinbar mühelos deutlich zweistellige Ergebnisse erzielen.
3.) Die AfD gewinnt in starkem Maße Wähler, die sich bereits enttäuscht und verbittert aus der Politik zurückgezogen hatten und in einer Stimmabgabe keinen Sinn mehr sahen. Doch sie gewinnt – in je nach Bundesland unterschiedlichen Gewichtungen – auch Wähler aus allen politischen Lagern.
Das legt den Schluss nahe, dass nicht alle, aber sehr viele Wähler dieser Partei ungeachtet – oder gar in weitgehender Unkenntnis – ihrer Programmatik ihre Stimme geben, weil sie alle anderen Parteien als Teile eines weitgehend homogenen Machtkartells wahrnehmen, welches ihre Haltungen und Ängste kollektiv weitgehend ignoriert oder gar ausgrenzt.
Zwar spielt die Ablehnung der »Wir schaffen das«-Flüchtlingspolitik und einer vermeintlich drohenden »Islamisierung« des Landes bei den meisten Wählern der AfD laut Untersuchungen eine zentrale Rolle für die Wahlentscheidung. Auch das ursprüngliche Leitthema der AfD, die Ablehnung des Euro und der weiteren europäischen Integration, wird in Befragungen noch häufig genannt, besonders in west-

deutschen Ländern. Doch je nach bisheriger Wahlpräferenz finden sich auch weitere Motive. Ehemalige CDU-Wähler beklagen vor allem die »Sozialdemokratisierung« dieser Partei, die als Aufgabe konservativer Werte erlebt wird. Der SPD wird von früheren Anhängern vor allem vorgeworfen, die sozialen Nöte der »einfachen Menschen« zu missachten und zum Beispiel nichts gegen drohende Altersarmut zu unternehmen. Besonders in dieser Gruppe wirkt auch der Schatten von Gerhard Schröders »Agenda 2010« und den damit verbundenen »Hartz-Gesetzen«, vor allem in Regionen mit nach wie vor hoher Erwerbslosigkeit.

Diese letztere Gruppe tendierte bis vor wenigen Jahren eher dazu, DIE LINKE als soziale Opposition zu wählen. Doch auch diese Partei wird mittlerweile von vielen ehemaligen Wählern als Teil des Machtkartells »gegen das Volk« wahrgenommen. Das betrifft natürlich auch die Flüchtlingspolitik, basiert aber auch auf bitteren Erfahrungen mit linken Amtsträgern in Koalitionen auf kommunaler und vor allem auf Landesebene.

Heimatlose Wähler

In einem Interview mit dem Magazin OXI fasst der Sozialwissenschaftler Horst Kahrs die Gemütslage vieler AfD-Wähler wie folgt zusammen: »Die Wählerinnen und Wähler der AfD fühlen sich kulturell in ihrer ›Heimat‹ bedroht, entfremdet. Das Land ist unter der Kanzlerschaft von Angela Merkel in ihren Augen so verändert, so ›modernisiert‹ worden, dass sie sich fragen, ob sie mit ihren traditionellen Lebensweisen, mit ihren Gemeinschaften in den Dörfern und Stadtvierteln, mit ihren Berufen und Fähigkeiten noch einen anerkannten Platz haben werden. Sie stellen sich die Frage: Gehören wir noch zur Mehrheitsgesellschaft? Linke neigen dazu, solche Kultur- und Identitätsfragen zu unterschätzen.«[25]
Der Magdeburger Sozialwissenschaftler David Begrich spricht in Bezug auf die AfD-Wähler von einem »postdemokratischen Ohnmachtsgefühl«. Er hat sich vor allem mit dem Süden von Sachsen-Anhalt beschäftigt, wo sich einst in Bitterfeld und Umgebung eines der wichtigsten industriellen Kerngebiete der DDR befand. Nach dem Mauerfall verloren dort über 30.000 Menschen ihren Job. Trotz diversen aufwendigen Förderprogrammen und Ansiedlungsversuchen konnte dieser Crash bis zum heutigen Tag nicht einmal annähernd kompensiert werden. »Das sind Menschen, die haben in den 25 vergangenen Jahren vielfältige biografische und politische Brüche erlebt, dass politische Leitbilder, die sie vor und nach der Wende hatten, zerbrochen sind. Und bei denen ist die Bereitschaft, die AfD zu wählen, sehr hoch. Weil die Entfernung zu dem, was man politischen Betrieb nennt, sehr, sehr weit weg ist«, so Begrich in einem Beitrag im Deutschlandfunk.[26]

Soziokulturelle Ausgrenzung

Auf andere Weise hat sich Christian Baron dem Thema genähert. In seinem Buch *Proleten, Pöbel, Parasiten. Warum die Linken die Arbeiter verachten* beschreibt der beim *Neuen Deutschland* als Kulturredakteur tätige Sozial- und Politikwissenschaftler anschaulich die Arroganz und Ignoranz der »postmodernen«, intellektuellen Linken gegenüber den »ungebildeten« und »rückständigen« Schichten der Bevölkerung.[27] Baron wuchs in einer Arbeiterfamilie im pfälzischen Kaiserslautern auf, einer Stadt, die eine ähnliche Deindustrialisierung und damit einhergehende soziale Folgen zu verkraften hat wie sehr viele Städte besonders in Ostdeutschland. Bei seinem »Aufstieg« vom Volksschüler zum Akademiker lernte er eine Linke (nicht nur auf die gleichnamige Partei bezogen) kennen, die »gesellschaftliche Normalitätskonzepte als soziale Konstruktionen abtut, von denen sich alle befreien müssen – vom Geschlecht, über die sexuelle Orientierung und die Ernährung bis hin zu ethnischen Zuordnungen«. Das politische Bewusstsein in diesen Kreisen sei auf »eine Stärkung nicht normierter Identitäten fokussiert«. Es gebe in dieser Gedankenwelt keine Araber und keine Afrikaner mehr, sondern nur noch PoC (Person of Color). Wer dies oder auch die Dekonstruktion der Geschlechter nicht mitvollziehe, werde umstandslos als Rassist und Sexist gebrandmarkt, und sei es auch nur, weil er eine »gegenderte Sprache« verweigert. »Was die Mehrheitsgesellschaft als normal definiert, ist der linksmoralischen Logik zufolge automatisch schlecht und abzulehnen.« Auch Vorbehalte gegen den Islam und seine Ausbreitung in Deutschland würden sofort als »antimuslimischer Rassismus« gebrandmarkt. Die Arbeiterklasse komme in dieser Weltsicht nur noch in Zerrbildern vor: Früher der klassenkämpferische Arbeiter mit roter Fahne und geballter Faust und jetzt der »verwahrloste Unterschichts-Heini« mit Wampe und rassistischen Sprüchen, so Baron. Und weiter: »Solange die Linken es unterlassen, die soziale Frage mit der Flüchtlingspolitik explizit zu verbinden, so lange werden die verängstigte Mitte und die Unterschicht einen großen Bogen um sie machen.« Zu einem notwendigen »linken Populismus« gehöre auch, das einzugestehen, »was viele ›derer da unten‹ längst wissen: Multikulti ist gescheitert.« Zumindest »jene Form des Multikulturalismus ... in dem es vor allem darum gehe, die kulturellen Eigenheiten des anderen bedingungslos zu respektieren, und in dem Diskriminierung in erster Linie als Anerkennungsdefizit gilt«.

Man könnte es auch so formulieren: Wer sich zu seiner deutschen Identität bekennt, dazu noch heterosexuell ist, einem traditionellen Familienbild anhängt und sich der »Dekonstruktion der Geschlechter« und der damit verbundenen Zerstörung der deutschen Schriftsprache verweigert, gilt in dieser Spielart »postmoderner« linker Politik schon als ziemlich »abgehängt«. Wer dazu noch mit Begeisterung Helene Fischer hört, ohne Skrupel viele Schnitzel und Bratwürste isst und seinen jährlichen Pauschalurlaub auf »Malle« oder anderswo als großes Vergnügen ansieht, ist schon kaum noch zu retten. Wer dann aber noch mit Skepsis oder Ablehnung auf den plötzlichen Zuzug vieler Menschen aus fremden Kulturen reagiert und den Islam als veritable Bedrohung empfindet, der ist dann schon ein halber oder ganzer Nazi, aber zumindest ein ausgewiesener Rassist. Dem bleibt dann eigentlich gar nichts anderes mehr übrig, als die AfD zu wählen.

Auch der französische Schriftsteller Édouard Louis gibt vor allem den Linken die Schuld am Vormarsch nationalkonservativer und in Teilen rassistischer Parteien wie dem »Front

National« (FN) in Frankreich. Die Wahlentscheidung seiner Eltern für den FN kann er nachvollziehen: »Sie haben das Gefühl, dass er die einzige Partei ist, die sie wahrnimmt. Meine Mutter hat früher täglich gesagt, niemand sieht uns, niemand spricht mit uns. Die Stimme ist eine Art Daseinsbeweis: Es gibt mich, ich bin da. (...) Die Linke müsste meine Eltern ansprechen, ohne soziorassistisch zu sein.«
Linke Politiker hätten »die soziale Frage vernachlässigt und sich in technokratisches Gewäsch geflüchtet. Früher gab es Begriffe wie Hunger, Arbeit, Erschöpfung, Ausbeutung oder soziale Klassen. Die heutige Pseudolinke spricht von sozialem Dialog, Zusammenleben und Gemeingut.« Er habe seine Mutter vor der letzten Wahl überzeugt, für Präsident François Hollande zu stimmen. »Heute sagt sie, du hast mich betrogen, er hat vier Jahre lang Politik gegen uns gemacht. Jetzt ist sie geradezu besessen von Le Pen«, so Louis am 22. April 2017 in einem Interview mit der *Süddeutschen Zeitung*.[28]
Immerhin würde wenigstens sein erwerbsloser Bruder den linken Kandidaten Jean-Luc Mélenchon wählen. Denn der spreche »als erster linker Politiker seit Langem eine Sprache, in der sich jemand wiedererkennt, der so ausgeschlossen ist wie mein Bruder. (...) Aber er spricht von sozialem Ausschluss, von Klassen und von der Gewalt, die diesen Menschen angetan wird.«

Erst Professoren, dann »Abgehängte«?

Seit ihrer Gründung ist die AfD natürlich auch Gegenstand zahlreicher mehr oder weniger fundierter soziologischer Untersuchungen. Besonders die »Altparteien«, aber auch die »Systemmedien« waren bemüht, griffige Formeln zu entwerfen, mit denen sich der Umgang mit der neuen Kraft gestalten ließ. In der Anfangszeit wurde vor allem das Bild von der »Professorenpartei« gepflegt. Die Onlineausgabe der *Zeit* schrieb am 13. Mai 2013: »Bislang fällt die Partei ausschließlich mit ihren anti-europäischen Positionen auf. Die einen brauchen den Euro nicht, den anderen schadet er nur, heißt es etwa im Wahlprogramm der AfD. Sie plädiert für die Wiedereinführung der D-Mark oder will zumindest kleinere Währungsverbände schaffen. Außerdem fordern die mittlerweile mehr als 10.000 Anhänger den Ausschluss der Südländer aus der Europäischen Union.« Ihr größtes Wählerpotential habe die Partei »unter ehemaligen FDP- und Linksparteiwählern sowie den Rechtskonservativen der Union«.[29]

Doch in der Folgezeit wurde die AfD, besonders in Ostdeutschland, schnell zum Sammelbecken und zur Projektionsfläche von rundum enttäuschten Bürgern und agierte weniger mit volkswirtschaftlicher Expertise, sondern eher mit griffigen Parolen. Die auf dieser Basis erzielten Erfolge bei einigen Landtagswahlen sorgten in der medialen Rezeption der Partei teilweise für ziemliches Erschrecken. Die *Wirtschaftswoche* schrieb am 27. Januar 2015 unter Berufung auf den Ökonomen und AfD-Mitgründer Roland Vaubel:

»Die Volkswirte in der AfD sehen mit Schrecken, wie sich ökonomische Ahnungslosigkeit mit einem in der AfD-Anhängerschaft weit verbreiteten Anti-Amerikanismus zu einer heftigen Abwehrhaltung gegen das transatlantische Freihandelsabkommen TTIP verbindet. Leider, klagt Vaubel, sei durch die Kritik die Position der AfD in den Medien in ein falsches Licht geraten. ›Wir sind nicht gegen TTIP, wir halten nur diese Schiedsgerichte für problematisch.‹ Der wissenschaftliche Beirat der AfD, dem er angehört, werde nun einen Vorschlag für eine rechtsstaatlich unbedenkliche Lösung erarbeiten. Das Ziel: ein internationaler Handelsgerichtshof.

Zudem hat sich durch den starken Zulauf die Zusammensetzung der Mitglieder verändert. Ehemalige Funktionäre der rechtslastigen Republikaner, der Partei Die Freiheit und anderer Splittergruppen sind eingesickert, obwohl die AfD sie eigentlich nicht aufnehmen wollte. Zudem schockieren Einzelfälle wie ein baden-württembergisches AfD-Mitglied, das den Massenmord an den Juden im Internet seine ›Erfüllung‹ nannte. Dem Parteiausschluss kam es durch Austritt zuvor.

Zum Krach in der Führung kam es zudem, weil Bundessprecher Gauland der Pegida-Bewegung Avancen machte. Olaf Henkel (früher FDP-Mitglied und Präsident des Bundesverbandes der Deutschen Industrie) dagegen warnt auch in Parteiversammlungen: ›Wir wollen uns nicht mit denen zusammentun, da laufen NPD-Leute mit.‹ Und: ›Es gibt auch in unserer Partei Unvernünftige, Unanständige. Die versuchen wir loszuwerden.‹ Freunde macht er sich damit in der AfD nicht überall.«[30]

Stochern im Nebel

Von der »Professorenpartei« ist nach dem Essener Bundesparteitag am 4. Juli 2015 und dem darauffolgenden Rückzug des wirtschaftsliberalen Flügels um Bernd Lucke und Hans-Olaf Henkel nicht mehr die Rede. Vielmehr wurde die AfD nunmehr als »Partei der Abgehängten« klassifiziert. In der FAZ ist unter Berufung auf eine Umfrage am 19. Oktober 2016 Folgendes zu lesen: »Die AfD ist die Partei der Zurückgebliebenen. Zu diesem Ergebnis kommt eine reprä-

sentative Umfrage des Instituts für Demoskopie Allensbach für diese Zeitung. Demnach sagten 38 Prozent der AfD-Anhänger, sie gehörten ›zu denen, die zurückbleiben, während es vielen anderen in Deutschland immer besser geht‹. Das ist mehr als bei jeder anderen Partei. (...) Die AfD habe zudem der Partei Die Linke den Rang als Sammelbecken für jene abgelaufen, die dem System und seinen Repräsentanten misstrauten. Die Flüchtlingskrise sei bis heute das identitätsstiftende Thema der Partei. Die AfD-Anhänger stehen zudem der Globalisierung und der EU weitaus skeptischer gegenüber als der Durchschnitt der Bevölkerung.«[31]
Zu einem ganz anderen Ergebnis kommt eine weitere Studie, über die am 1. Dezember 2016 der *Stern* berichtet: »Die Wähler von Parteien am rechten Rand werden oft als abgehängte Geringverdiener und Globalisierungsverlierer beschrieben. Eine neue Forsa-Umfrage ... widerspricht dieser Darstellung – zumindest für Deutschland. Demnach sind AfD-Wähler in Deutschland keinesfalls besonders arm. Der Umfrage zufolge haben lediglich 28 Prozent ein Haushaltsnettoeinkommen von unter 2.000 Euro im Monat zur Verfügung. Das sei dasselbe Niveau wie bei den Wählern der CDU. Dort seien es 27 Prozent. Sogar höher sei der Anteil dieser Menschen bei der SPD und Linkspartei. Wer in Deutschland also schlecht verdient, tendiert demnach eher nach links als nach rechts. Oder er geht erst gar nicht an die Wahlurne: Unter den Nichtwählern hätten 45 Prozent weniger als 2.000 Euro im Monat zur Verfügung.« Deutlich sei allerdings, dass die AfD-Wähler pessimistischere Wirtschaftserwartungen als die Anhänger anderer Parteien hätten.[32]
Die FAZ vollzog am 18. März 2017 ebenfalls eine Rolle rückwärts in der Einschätzung der AfD-Klientel: »Die Alternative für Deutschland steht zu Unrecht im Ruf, ein Hort der Abgehängten zu sein: Das ist das Ergebnis einer Studie des

arbeitgebernahen Instituts der deutschen Wirtschaft (IW), die der *Frankfurter Allgemeinen Sonntagszeitung* exklusiv vorliegt. Drei Forscher haben alle verfügbaren Daten über die Anhängerschaft der Partei herangezogen und sagen nun: Die AfD ist in der Mitte der Gesellschaft zuhause. Als Belege nennen sie unter anderem das Einkommens- und Bildungsniveau. Mit 2.200 Euro netto im Monat stünden AfD-Sympathisanten etwas besser da als der deutsche Durchschnitt. 55 Prozent von ihnen hätten zudem ein mittleres Bildungsniveau (Realschule), 25 Prozent ein hohes, 20 Prozent ein niedriges Niveau. Seit dem Rechtsschwenk der Parteiführung und der Flucht der Professoren um den früheren Bundessprecher Bernd Lucke im Sommer 2015 galt die AfD zunehmend als Randgruppenphänomen. Der Eindruck trüge, schreiben die Forscher. Die ›These von der Prekariatspartei‹ habe noch nie gestimmt ... Was das Milieu vom Rest der gesellschaftlichen Mitte unterscheidet, ist die ausgeprägte Angst vor der Zukunft. AfD-Wähler seien ›Pessimisten‹, schreiben die IW-Autoren. Die größten Sorgen löst das Thema Zuwanderung aus, es macht 82 Prozent der AfD-Anhänger zu schaffen. In der Gesamtheit der Befragten sind das nur 32 Prozent. Die Entwicklung der Kriminalität und der soziale Zusammenhalt des Landes rangieren ebenfalls weit oben. Zusammenfassend schreiben die Forscher von einer ›Partei der sich ausgeliefert fühlenden Durchschnittsverdiener‹.«[33]

Dazu noch einmal der bei der Rosa-Luxemburg-Stiftung tätige Sozialwissenschaftler Horst Kahrs in seiner Analyse der AfD-Wahlerfolge: »Selten schätzte ein so großer Teil der Bevölkerung die persönliche wie auch die allgemeine wirtschaftliche Lage als gut ein, ebenso die Aussichten der näheren Zukunft. Das gilt, wenn auch in geringerem Maße, auch für AfD-Wähler und -Wählerinnen. Materielle Argumente allein helfen bei der Analyse nicht viel weiter. (...) Nicht die Unterschicht wählt überdurchschnittlich AfD. Weit überdurchschnittlich gewählt wurde die AfD erstens von Männern und zweitens von Wählern mit einem mittleren Bildungsabschluss, also 10. Klasse und Abitur, leicht unterdurchschnittlich von denjenigen mit maximal Hauptschulabschluss und deutlich unterdurchschnittlich von Menschen mit (halb-) akademischen Berufsabschlüssen. Den Blick auf Bildung und Qualifikation halte ich bei der Analyse für ertragreicher als den auf die aktuelle Einkommenssituation. (...) Menschen mit einer betrieblichen Ausbildung, also die klassischen Fachlehrberufe in Handwerk, Industrie und Verwaltung, wählen überdurchschnittlich AfD – ein Bild, wie es sich im Übrigen auch in anderen westlichen Ländern einschließlich der USA zeigt. Zu den Erfahrungen dieser Menschen zählt: Die ehemals goldene Regel ›streng dich in der Schule an und lerne einen anständigen Beruf‹ hat immer weniger Bedeutung. Stattdessen erfordern immer mehr Jobs eine akademische Qualifikation. Der Aufstieg des Populismus, also auch der AfD, ist daher auch eine Kampfansage der mittleren Qualifikationen an die akademischen Eliten. Ausländer oder massenhafte Zuwanderung wirken da nur als Katalysatoren. Wer in der globalisierten Welt für sich keine Aufstiegschancen oder andere Verbesserungen erkennen kann, wird eher ansprechbar für populistische Ansprachen.«[34]

Was sagt eigentlich Thilo Sarrazin?

Der frühere SPD-Politiker und Bundesbank-Vorstand Thilo Sarrazin gilt bei vielen Menschen als Stichwortgeber für die AfD. Seine millionenfach verkauften und auf unzähligen Lesungen präsentierten Bücher, *Deutschland schafft sich ab* (2010), *Europa braucht den Euro nicht* (2012) und *Der neue Tugendterror. Über die Grenzen der Meinungsfreiheit in Deutschland* (2014), umreißen in der Tat jene politischen und gesellschaftlichen Fragen, die sich im Laufe der Zeit zum »Markenkern« der AfD entwickelten: Ablehnung unregulierter Zuwanderung, Ablehnung des Euro, Islamkritik, Widerstand gegen »politische Korrektheit« und »Lügenpresse«. Auch Sarrazin, der Angebote der AfD, bei ihr eine führende Rolle zu übernehmen, stets ablehnte, hat seine Einschätzung der Partei im Laufe der Zeit geändert.

Am 29. September 2014, also in der »Ära Lucke«, gab er der *Berliner Morgenpost* ein Interview. Dort heißt es: »Ich habe in meinen drei letzten Büchern Themen angesprochen, die ich wichtig fand. Bildung, Zuwanderung, Integration, Demografie, europäische Währungsunion. Der Erfolg meiner Bücher zeigt, dass diese Themen offenbar viele Menschen bewegen. Dass die AfD inzwischen in einem stabilen Prozentbereich angekommen zu sein scheint und dass sie ihre Wähler relativ gleichmäßig von fast allen demokratischen Parteien und den Nichtwählern zieht, zeigt, dass sie offenbar ein politisches Bedürfnis erfüllt.« Man werde sich »mit der Wirklichkeit auseinandersetzen müssen, dass sich eine bürgerliche Partei neben der Union bei Wahlen ohne Weiteres einen zweistelligen Prozentsatz sichern kann«.[35]

Für die vielen Wechselwähler, die die AfD bei ihren Auftritten gewinnen konnte, hat Sarrazin eine einfache, stimmige Erklärung. »Der nicht politisch aktive Teil der Wähler ist bei Linken, SPD und Union relativ ähnlich strukturiert. Die Menschen kümmern sich um ihre Arbeit, ihre Familie, ihre Freunde, machen sich Gedanken über die Welt. Sie möchten, dass die Themen, die sie angehen, behandelt werden. Die meisten Themen lassen sich nicht mehr im herkömmlichen Links-Rechts-Schema einordnen.«

Auch in einem weiteren Interview am 21. März 2016 in der Berliner *BZ* sieht Sarrazin den Aufstieg der AfD vor allem als Ergebnis des Versagens der »Altparteien«: »Zwischen CDU, SPD, Grünen und Linken gibt es bundesweit bei der Flüchtlings- und Einwanderungspolitik keine nennenswerten Unterschiede. De facto sah sich der Bürger in dieser Frage einer nationalen Einheitsfront gegenüber. Viele hatten zudem das Gefühl, ihre Meinung nicht offen sagen zu können. So wählten sie in der Stille der Wahlkabine die einzige Alternative, die ihnen auf den Stimmzetteln angeboten wurde. (...) Merkels Politik hat bundesweit rechts der CDU ein heimatloses Wählerpotenzial von 20 bis 25 Prozent hinterlassen. Wenn die CDU dieses Terrain nicht erneut besetzt, und das ist unter der gegenwärtigen Parteivorsitzenden nicht absehbar, entsteht der Raum für eine konservative Volkspartei, etwa mit dem Profil der CSU zur Zeit von Franz Josef Strauß. Ich will nicht ausschließen, dass die AfD hier dauerhaft ihre Rolle findet, wenn sie sich nachhaltig und glaubwürdig von rechtsextremen Strömungen abgrenzt.«[36]

Zwei Monate später distanzierte sich Sarrazin in der *Welt* dann auch von den »Anti-Islam«-Beschlüssen der AfD. »Keine Religion gehört zu Deutschland. Jeder soll nach seiner Fasson selig werden.« Allerdings sehe er in der Ausweitung des fundamentalistischen Islam in Europa »ein großes Problem«.[37]

Zusammenfassend lässt sich sagen, dass der Umgang mit der AfD in den Medien in den vergangenen Monaten wesentlich differenzierter geworden ist. Zwar gibt es noch immer Ausfälle und Verbalinjurien à la »Sammelbecken von Rassisten und Nazis« im »braunen Osten«, doch allmählich setzt sich die Erkenntnis durch, dass es sich im Kern um eine neue Volkspartei handelt, die sich in der sozialen Zusammensetzung ihrer Anhängerschaft nicht wesentlich von anderen Parteien unterscheidet, Grüne und FDP mal ausgenommen. Überproportionale Stimmenanteile hat sie vor allem bei Arbeitern und Erwerbslosen zu verzeichnen, doch auch im unteren Mittelstand hat sie eine stabile Basis. Commonsense ist mittlerweile auch, dass die AfD von vielen ihrer Anhänger als einzige Alternative zu den »Altparteien« wahrgenommen wird, die in vielen Fragen als weitgehend monolithischer Block erscheinen. Für viele aufrechte, engagierte Menschen mag das eine bittere Erkenntnis sein. Doch an ihr kommt man nicht vorbei.

Das Wahlprogramm: Unbequeme Wahrheiten

Bisher ging es in diesem Buch vor allem um die Entstehung und den Aufstieg der AfD als Ausdruck einer in der Bevölkerung weitverbreiteten Ablehnung der herrschenden Politik. Beleuchtet wurden die Motive der AfD-Anhänger, die Reaktionen der »Altparteien« und der »Systemmedien« auf diese, für sie bedrohliche Entwicklung.

Doch jetzt ist Zeit, sich mit den letztendlich entscheidenden Fragen zu beschäftigen: Was will die AfD eigentlich? Wo hat sie recht und formuliert Kritik und Forderungen, die den Wünschen und Bedürfnissen großer Teile der Bevölkerung entsprechen? Welche Positionen gehören zu einem demokratischen Diskurs und welche sind als bedenklich oder gar gefährlich einzustufen?

Also nehmen wir die AfD im wahrsten Sinne des Wortes beim Wort. Auf ihrem Bundesparteitag am 22./23. April 2017 in Köln verabschiedete die Partei ihr Wahlprogramm für die Bundestagswahlen am 24. September. Im Vorfeld des Parteitags gab es in der Partei heftige Turbulenzen, die in einem erbitterten Machtkampf gipfelten. Dabei ging es sowohl um die inhaltliche Ausrichtung als auch um Machtansprüche einzelner Personen und Gruppen. Auch der einen Seite stand die Parteisprecherin Frauke Petry, die auf eine »realpolitische« Orientierung drängt, um sich die mittelfristige Option auf Koalitionen mit anderen Parteien offenzuhalten. Auf der anderen steht ein Flügel, der vor allem von Parteivize Alexander Gauland und Petrys Stellvertreter Jörg Meuthen repräsentiert wird. Beide wollen die Partei vor allem als »Systemopposition« positionieren. Eine wichtige Rolle in diesem Streit spielt der thüringische Fraktionsvorsitzende Björn Höcke. Petry betreibt mit Unterstützung der Mehrheit des Bundesvorstands seit einiger Zeit ein Ausschlussverfahren gegen Höcke, dem eine geistige Nähe zum Gedankengut des Nationalsozialismus vorgeworfen wird. Gauland und weitere wichtige Funktionsträger wie der Fraktionsvorsitzende in Sachsen-Anhalt, André Poggenburg, lehnen einen Ausschluss Höckes kategorisch ab und verweisen auf den Charakter der AfD als Volkspartei mit einem »breiten Meinungsspektrum«. Machtpolitisch ging es vor allem um die Frage der Spitzenkandidatur zur Bundestagswahl. Diese Rolle sollte ursprünglich Petry allein wahrnehmen. In der Partei deutete sich aber bereits seit Jahresanfang an, dass eine Mehrheit dies ablehnt und eine »Teamlösung« bevorzugt.

Daraufhin zog Petry wenige Tage vor dem Parteitag die Notbremse und erklärte ihren Verzicht auf die Spitzenkandidatur. Auch für eine »Teamlösung« stehe sie nicht zur Verfügung, erklärte sie in einer via *Facebook* verbreiteten Videobotschaft.[38] Petry beharrte allerdings darauf, dass der Parteitag eine Richtungsentscheidung zur Ausrichtung der AfD fällt. Außer dem Antrag zur »realpolitischen« Orientierung kündigte sie einen weiteren Antrag an, der eine klare Abgrenzung zu antisemitischen und rassistischen Strömungen zum Inhalt hat. Auf dem Parteitag wurde Petry gründlich demontiert. Per Geschäftsordnungsanträgen wurden ihre Anträge von der Tagesordnung gestrichen. Auch das Ausschlussverfahren gegen Höcke sollte – zumindest öffentlich – nicht weiter diskutiert werden. Für den Bundestagswahlkampf wurde ein Spitzenduo gewählt, neben der »grauen Eminenz« Alexander Gauland die wirtschaftsliberale Alice Weidel.

In der medialen Rezeption des Parteitags spielte dieser

spektakuläre »Showdown« zwischen Petry und ihren Gegnern natürlich die Hauptrolle. Da ging es fast unter, dass die Partei auch ihr Wahlprogramm[39] verabschiedete. Dieses umfasst 73 engbedruckte Seiten und beschäftigt sich mit (fast) allen relevanten bundespolitischen Fragen. Wobei natürlich die »Markenkerne« der AfD, also Flüchtlingspolitik, Islamkritik, Euroskepsis, innere Sicherheit und Stärkung der Volkssouveränität gegenüber den Eliten, eine zentrale Rolle spielen.

Mehr Demokratie wagen

Im einleitenden Kapitel mit der Überschrift »Verteidigung der Demokratie in Deutschland« geht es um das Staatsverständnis, die Rolle der EU und die Ausgestaltung der Demokratie. Dazu einige Kernaussagen: »Wir wollen Deutschland reformieren und an die Prinzipien und Wurzeln anknüpfen, die zu seinem jahrzehntelangen sozialen, wirtschaftlichen und gesellschaftlichen Erfolg geführt haben. Die Rechtsstaatlichkeit, insbesondere die Gewaltenteilung, muss wiederhergestellt werden und der Staat seine eigentlichen Kernaufgaben, insbesondere die Innere Sicherheit, wieder gewährleisten können. Mit den Verträgen von Schengen, Maastricht und Lissabon wurde rechtswidrig in die unantastbare Volkssouveränität eingegriffen. Ein Staat, der das Grenzregime und damit die Hoheit über sein Staatsgebiet aufgibt, löst sich auf. Er verliert seine Eigenstaatlichkeit. (...) Stattdessen werden durch die EU, die den Anspruch erhebt, kontinentaler Staat zu werden, die existierenden, demokratischen Nationalstaaten in ihrer Funktion eingeschränkt bzw. dauerhaft zerstört. Es gibt weder ein europäisches Staatsvolk, das für ein solches Vorhaben konstitutiv wäre, noch ist erkennbar, dass sich ein solches auf absehbare Zeit herausbildet. Kulturen, Sprachen und nationale Identitäten sind durch Jahrhunderte dauernde geschichtliche Entwicklungen entstanden. Sie stellen für ihre Angehörigen unverzichtbare Identifikationsräume dar, die nur in nationalen Staaten mit demokratischer Verfassung wirkungsvoll ausgestaltet werden können.« Daher sei die EU »zurückzuführen zu einer Organisation von Staaten, die auf der Basis völkerrechtlicher Verträge ihre Interessen und Aufgaben definieren«.

Gegen die politische Oligarchie

Die folgenden Absätze widmen sich dem Zustand des politischen Systems in Deutschland und enthalten viele konkrete Forderungen. »Heimlicher Souverän in Deutschland ist eine kleine, machtvolle politische Oligarchie, die sich in den bestehenden politischen Parteien ausgebildet hat. (...) Es hat sich eine politische Klasse herausgebildet, deren vordringliches Interesse ihrer Macht, ihrem Status und ihrem materiellen Wohlergehen gilt. (...) Die stetigen Verletzungen der Prinzipien der deutschen Staatlichkeit gipfeln in der Flüchtlingspolitik der Bundesregierung von CDU/CSU und SPD. Die Volksvertreter haben sich den grundgesetzlich garantierten Parlamentsvorbehalt für alle wichtigen Entscheidungen im Staat nehmen lassen und die über ihre Köpfe hinweg getroffenen rechts- und verfassungswidrigen Entscheidungen zur Zuwanderung klaglos hingenommen. Nur das Staatsvolk der Bundesrepublik Deutschland kann durch das Mittel der unmittelbaren Demokratie diesen illegalen Zustand beenden.«
Gefordert werden Volksentscheide nach Schweizer Vorbild.

»Wir wollen dem Volk das Recht geben, den Abgeordneten auf die Finger zu schauen und vom Parlament beschlossene Gesetze zu ändern oder abzulehnen. (...) Das Volk soll auch die Möglichkeit erhalten, eigene Gesetzesinitiativen einzubringen und per Volksabstimmung zu beschließen. (...) Ohne Zustimmung des Volkes darf das Grundgesetz nicht geändert und kein bedeutsamer völkerrechtlicher Vertrag geschlossen werden. (...) Das deutsche Volk soll deshalb nach dem britischen Vorbild über den Verbleib Deutschlands in der Eurozone und gegebenenfalls der EU abstimmen!«

Zur Entflechtung der politischen Oligarchie fordert die AfD Folgendes: »Kanzler, Ministerpräsidenten, Minister und parlamentarische Staatssekretäre dürfen nicht mehr zugleich Abgeordnete sein. Die Funktionen von ›politischen Beamten‹ in der Staatsverwaltung wollen wir abschaffen von Ministerialdirektoren bis zu Polizeipräsidenten. Die Mitarbeiter der öffentlichen Verwaltung haben unabhängig und loyal zu sein. Beamten- und Richterstellen sind ausschließlich nach Qualifikation und fachlicher Leistung zu besetzen.«

Auch zur Parteienfinanzierung findet die AfD klare Worte: »Mit der Parteienfinanzierung haben sich die etablierten Parteien ab 1954 eine ständig wachsende Finanzausstattung verschafft. Die ›staatliche Teilfinanzierung‹ in Höhe von jährlich ca. 160 Millionen Euro wird durch eine verdeckte Parteienfinanzierung von mittlerweile über 600 Millionen Euro bei weitem übertroffen. So halten wir zum Beispiel die für jeden Bundestagsabgeordneten zur Verfügung stehende ›Mitarbeiterpauschale‹ von 20.000 Euro monatlich für deutlich überhöht. Hier wird keine wissenschaftliche Beratung geleistet, sondern eine Armee von Parteisoldaten bezahlt. (...) Alle Mittel der Parteienfinanzierung sollen entgegen derzeitiger Praxis der unbeschränkten Kontrolle der Rechnungshöfe unterliegen. Unabdingbar ist auch eine restriktive und Korruption vermeidende Neuordnung der Spendenregelungen. Ferner soll den deutschen Parteien endlich die Beteiligung an Unternehmen, insbesondere Medienunternehmen, sowie die Annahme von Firmenspenden verboten werden.«

Anschließend wird dem »Berufspolitikertum« der Kampf angesagt. Dieses habe »der Monopolisierung der Macht Vorschub geleistet und die unübersehbare Kluft zwischen Wählern und Gewählten stetig vergrößert. Vetternwirtschaft, Filz, korruptionsfördernde Strukturen und Lobbyismus sind die Folge. Um unser Ideal des Bürgerabgeordneten herzustellen, fordern wir eine Mandatszeitbegrenzung für Abgeordnete auf vier und für den Bundeskanzler auf zwei Legislaturperioden. Wir wollen, dass Bundestagsabgeordnete ihre volle Arbeitskraft der parlamentarischen Arbeit widmen. Das Mandat darf nicht unter bezahlten Nebentätigkeiten leiden. (...) Wir wollen die Regelungen der Nebentätigkeiten für Parlamentarier und gegen Abgeordnetenbestechung deutlich verschärfen. (...) Ferner setzen wir uns für ein Lobbyisten-Gesetz mit konkreten Rechten, Pflichten und Sanktionen für Mandatsträger und Lobbyisten ein, das vorbildlichen Regelungen anderer Demokratien entspricht.«

Schluss mit dem Parteienstaat

Entschieden wendet sich die AfD auch gegen ungerechtfertigte Privilegien für Abgeordnete, zum Beispiel bei der Altersversorgung: »Bundestagsabgeordnete zahlen derzeit keine Rentenbeiträge und erhalten nach wenigen Jahren bereits eine Altersversorgung, die ein Arbeitnehmer mittleren Einkommens nicht einmal nach 45 Beitragsjahren erreichen kann. Die AfD möchte ... dieses Versorgungsmodell für Abgeordnete grundlegend reformieren und es auf ein System privater Altersvorsorge umstellen.«

Um die Macht der Parteien bei der Bestimmung der Bundestagsabgeordneten zu beschränken, fordert die Partei auch eine tiefgreifende Reform des Wahlverfahrens: »Die politische Klasse Deutschlands hat das Wahlrecht und die Wahlverfahren im Lauf der Zeit immer perfekter ausgenutzt und angepasst, um den Einfluss des Volkes auf die Bewerberauswahl zu minimieren. Dem Wähler werden starre Wahllisten der Parteien zum Ankreuzen vorgelegt. Über die ›sicheren Listenplätze‹ bestimmen die Parteivorstände de facto die Zusammensetzung des Parlamentes. Mit einer demokratischen Gestaltung des Wahlsystems will die AfD dem Wähler die Entscheidung über die personelle Zusammensetzung der Parlamente zurückgeben. Wir treten für die ›freie Listenwahl‹ ein, mit der Möglichkeit des Kumulierens, Panaschierens (Stimmenhäufung und Verschiebung innerhalb der Liste) und Streichens von Kandidaten.«

Natürlich kann man zu einigen Einschätzungen und Schlussfolgerungen anderer Meinung sein. Aber der oft erhobene Vorwurf, die AfD sei ein »Feind der demokratischen Ordnung«, lässt sich aus diesen programmatischen Aussagen nun wirklich nicht herauslesen. Im Gegenteil: Die AfD legt den Finger in einige klaffende Wunden. Sie fordert nicht weniger, sondern mehr Demokratie. Was soll daran falsch sein?

Asyl braucht Grenzen

Im Kapitel »Asyl braucht Grenzen« widmet sich die AfD der Flüchtlingspolitik und bedient dabei in der Einführung auch verbreitete Klischees über eine drohende Völkerwanderung aus Afrika und »arabisch-muslimischen Ländern des Nahen und Mittleren Ostens« nach Europa und Deutschland. Auf Grundlage nicht weiter verifizierter Aussagen von »Fachleuten« wird behauptet, dass es in diesen Regionen »derzeit rund 350 Millionen wanderungswillige Menschen« gebe und sich diese Zahl bis 2050 auf 950 Millionen erhöhen werde.

Ziel der AfD sei »Selbsterhaltung, nicht Selbstzerstörung unseres Staates und Volkes. Die Zukunft Deutschlands und Europas muss langfristig gesichert werden. Wir wollen unseren Nachkommen ein Land hinterlassen, das noch als unser Deutschland erkennbar ist. (...) Die Grenzen müssen umgehend geschlossen werden, um die ungeregelte Massenimmigration in unser Land und seine Sozialsysteme durch überwiegend beruflich unqualifizierte Asylbewerber sofort zu beenden. Eine erfolgreiche Integration all dieser Menschen, darunter ein beträchtlicher Anteil von Analphabeten, ist unmöglich. (...) Wir wollen selbst entscheiden, wer zu uns kommt, und ausschließlich qualifizierten Zuzug nach Bedarf zulassen. Über Qualität und Quantität einer Einwanderung selbst zu bestimmen, ist herausragendes Merkmal staatlicher Souveränität; das muss auch für Deutschland gelten. (...) Einen Asylantrag soll nur stellen dürfen, wer seine Identität nachweist. Alle abgelehnten Asylbewerber sind in ihre Herkunftsländer zurückführen. Sollten sich die Herkunftsländer weigern, ihre Bürger wieder einreisen zu lassen, muss auf diese Länder Druck ausgeübt werden, zum Beispiel durch die Einstellung der Entwicklungshilfe. Hilfs-

weise müssen die Migranten in aufnahmebereite Drittstaaten überführt werden.«
Auch das unterscheidet sich nicht sonderlich von Einschätzungen und Forderungen aus den Reihen von CDU/CSU. Allerdings geht die AfD in späteren Passagen noch erheblich weiter. Der »massenhafte Missbrauch des Asylgrundrechts« soll durch eine Grundgesetzänderung beendet werden. »Individuelle Schutz- und Asylgarantien ... können nicht aufrechterhalten werden.«
Aus demselben Grund müssten auch die Genfer Flüchtlingskonvention und andere supra- und internationale Abkommen neu verhandelt werden – »mit dem Ziel ihrer Anpassung an die Bedrohung Europas durch Bevölkerungsexplosionen und Migrationsströme der globalisierten Gegenwart und Zukunft. (...) Die europäische Zusammenarbeit (in der Flüchtlingspolitik, Anm. d. Verf.) soll sich im Wesentlichen auf die Sicherung der europäischen Außengrenze konzentrieren. Asylanträge sind deshalb außerhalb Europas zu stellen. Wo immer europäisches Recht diesen Prämissen entgegensteht, muss es geändert oder aufgehoben werden. (...) Die europäische Grenzschutzagentur Frontex und die Bundeswehr müssen ihre Schlepper-Hilfsdienste auf dem Mittelmeer beenden und alle Flüchtlingsboote an ihre Ausgangsorte zurückbringen, anstatt die Passagiere nach Europa zu befördern. Wo das rechtlich oder tatsächlich nicht möglich ist, sind sie nach dem australischen Vorbild ausnahmslos in außereuropäische Aufnahmezentren zu überführen. Wir fordern strenge Kontrollen an den deutschen Grenzübergängen wie auch die Bewachung der grünen Grenze durch integrierte Sicherungssysteme, zu denen auch Zäune gehören können.« Kategorisch heißt es ferner: »Wir lehnen jeglichen Familiennachzug für Flüchtlinge ab. (...) Entfällt der Fluchtgrund im Herkunftsland anerkannter

Flüchtlinge, endet in aller Regel deren Aufenthaltserlaubnis. Sie müssen zurückkehren. Insbesondere der Schutz vor Bürgerkrieg ist rein temporär ausgelegt und darf nicht zu einer Einwanderung durch die Hintertür führen.« Schließlich wird dann doch noch deutlich, dass die AfD das Asylrecht letztendlich nicht nur einschränken, sondern faktisch abschaffen will: »Führen diese Maßnahmen nicht mindestens zu einer Null-Zuwanderung, muss ein Gesetz eine absolute Belastungsgrenze definieren, ab deren Erreichen zum Schutz Deutschlands keinerlei Asylbewerber mehr aufgenommen werden.«

All dies kann man als konsequente Abschottungspolitik begreifen oder auch als inhuman kritisieren, besonders was den Ausschluss jeglichen Familiennachzugs betrifft – aber nicht unbedingt als »rassistisch«. Doch an einer Stelle lässt die AfD dann doch die Katze aus dem Sack: »Das Geburtsortsprinzip (Erwerb der deutschen Staatsangehörigkeit allein durch Geburt in Deutschland, auch wenn kein Elternteil Deutscher ist) wollen wir wieder aus dem Gesetz streichen.« Das ist die Idee eines möglichst »reinrassigen« deutschen Volkes. Doch auch hier betritt die AfD keineswegs Neuland: Das »Blutsrecht« galt in Deutschland bis zum Jahr 2000, seine Abschaffung stieß seinerzeit auf erbitterten Widerstand der CDU/CSU.

Gefahr durch den Islam

Die derzeit wichtigste Kampfansage der AfD als »einzige Opposition« gegen die »Systemparteien« ist die Haltung zum Islam, auch weil die Flüchtlingskrise seit dem vergangenen Jahr etwas an Dramatik verloren hat. Sie kann davon ausgehen, dass ihre Losung »Der Islam gehört nicht zu Deutschland« von großen Teilen der Bevölkerung in allen politischen Lagern geteilt wird, möglicherweise sogar mehrheitsfähig ist. Im Wahlprogramm heißt es dazu: »In der Ausbreitung des Islam und der Präsenz von über 5 Millionen Muslimen, deren Zahl ständig wächst, sieht die AfD eine große Gefahr für unseren Staat, unsere Gesellschaft und unsere Werteordnung.« Genüsslich wird auf Alt-Bundeskanzler Helmut Schmidt (SPD) verwiesen, der in seiner politischen Bilanz 2008 formulierte: »Wer die Zahlen der Muslime in Deutschland erhöhen will, nimmt eine zunehmende Gefährdung unseres inneren Friedens in Kauf.«

Die folgenden Ausführungen im Programm der AfD sollten eigentlich eine Selbstverständlichkeit sein und von einem breiten politischen Konsens getragen werden, was aber nicht der Fall ist: »Ein Islam, der unsere Rechtsordnung nicht respektiert oder sogar bekämpft und einen Herrschaftsanspruch als alleingültige Religion erhebt, ist mit der freiheitlich-demokratischen Grundordnung Deutschlands nicht vereinbar. Viele Muslime leben rechtstreu (und integriert) und sind geschätzte Mitglieder unserer Gesellschaft. Die AfD will jedoch verhindern, dass sich abgeschottete islamische Parallelgesellschaften bilden, wo muslimische ›Friedensrichter‹ Rechtsvorschriften der Scharia anwenden und das staatliche Monopol der Strafverfolgung und Rechtsprechung unterlaufen. Die AfD erkennt uneingeschränkt die Glaubens-, Gewissens- und Bekenntnisfreiheit an. Sie fordert jedoch, der Religionsausübung (gemäß Art. 140 GG) Schranken zu setzen durch staatliche Gesetze, die Menschenrechte und unsere Werte. Staatliches Recht steht im säkularen Staat über religiösen Geboten und Traditionen. (...) Einer Diffamierung rationaler Religionskritik als ›Islamophobie‹ oder ›Rassismus‹ tritt die AfD entgegen. Wir fordern jedermann dazu auf, solche Polemik durch intellektuellen Diskurs zu ersetzen. Verfassungsfeindlichen Vereinen, die nach Art. 9, Abs. 2 Grundgesetz zu verbieten sind, ist der Bau und Betrieb von Moscheen wegen der konkreten Gefahr zu untersagen, dass Imame dort Lehren verbreiten, die zu einer gegen unsere Rechtsordnung gerichteten politisch-religiösen Radikalisierung von Muslimen beitragen. (...) Auch die Finanzierung des Baus und Betriebs von Moscheen durch islamische Staaten oder ausländische Geldgeber bzw. deren Mittelsmänner soll unterbunden werden. (...) So ist die Abhängigkeit der rund 900 Ditib-Moscheen und ihrer Imame vom staatlichen ›Amt für Religiöse Angelegenheiten‹ der Türkei (Diyanet) nicht hinnehmbar. Über die Ditib übt die autoritäre Türkei starken Einfluss auf in Deutschland lebende Türken aus und behindert damit deren Integration und Loyalität zu unserem Staat.«

Das muss man wohl auch als Gegner der AfD neidlos als Volltreffer anerkennen. Zumal die Vorgänge in Deutschland rund um das türkische Referendum zur Abschaffung der Gewaltenteilung und damit der Demokratie diese Sichtweise voll und ganz bestätigen. Wenn eine islamistisch und antidemokratisch geprägte Bewegung wie die AKP und ihr Präsident bei einer derartigen Abstimmung in Deutschland über 63 Prozent (im Ruhrgebiet sogar über 75 Prozent) der abgegebenen Stimmen erhält, ist der Eindruck einer Bedrohung wohl kaum als »antimuslimischer Rassismus« abzutun. Und wenn eine Bundesregierung darauf nur mit ein paar lauen Floskeln reagiert, um die »engen Beziehungen mit dem wichtigen Verbündeten Türkei« nicht zu gefährden, ist ein Niveau der unverantwortlichen Ignoranz der Herrschenden erreicht, das nicht nur AfD-Anhänger auf die Palme bringt.

Dass es der AfD aber nicht nur um die reale Bedrohung durch den politischen Islam geht, machen einige der folgenden Passagen deutlich: »Das Minarett lehnt die AfD als islamisches Herrschaftszeichen ebenso ab wie den Muezzin-Ruf, nach dem es außer dem islamischen Allah keinen Gott gibt. Es handelt sich hierbei um religiösen Imperialismus. (...) Die islamtheologischen Lehrstühle an deutschen Universitäten sind abzuschaffen und die Stellen der bekenntnisneuralen Islamwissenschaft zu übertragen. Die AfD lehnt es ab, islamischen Organisationen den Status einer Körperschaft des öffentlichen Rechts zu verleihen, weil sie die rechtlichen Voraussetzungen – eine ausreichende Repräsentanz, die Gewähr der Dauer und die Achtung des freiheitlichen Staatskirchenrechts – nicht erfüllen. Die Anerkennung der Religionsfreiheit, der weltanschaulichen Neutralität des Staates und der Gleichwertigkeit der Religionen, welche das Staatskirchenrecht verlangt, sind dem Islam fremd.« Das suggeriert letztlich – im Widerspruch zu einigen vorherigen Ausführungen –, dass alle bekennenden Muslime integrationsunfähig und demokratiefeindlich sind. Die anschließenden Forderungen nach einem Verbot der Vollverschleierung in der Öffentlichkeit und einem Kopftuchverbot in allen öffentlichen Hoheitsbereichen wie Schulen und Behörden werden – wie viele Forderungen der AfD – mittlerweile breit und kontrovers in allen politischen Lagern diskutiert. Das gilt auch die Forderung, im Ausland geschlossene Ehen gemäß dem Familienrecht der Scharia in Deutschland rechtlich nicht anzuerkennen. Die AfD stellt in diesem Zusammenhang richtigerweise fest, dass auf der Scharia basierende Eheschließungen »unter Umgehung der standesamtlichen Trauung und oftmals unter Zwang die Polygamie, Kinderehe und Verwandtenehe ermöglichen«.

Schutz vor steigender Kriminalität

Neben der Flüchtlingspolitik und der Islam-Problematik spielt die innere Sicherheit eine zentrale Rolle im Selbstverständnis der AfD. Auch in dieser Frage haben es ihr die »Altparteien« ziemlich einfach gemacht, besonders was die weitgehende Tabuisierung der »Ausländerkriminalität« betrifft. Dabei kann niemand bestreiten, dass es vor allem in Großstädten, aber auch in einigen ländlichen Regionen schon seit längerer Zeit erhebliche Probleme mit kriminellen Clanstrukturen und professionell organisierten Diebesbanden gibt und auch der Zustrom von Flüchtlingen zu erhöhter Delinquenz geführt hat. Die subjektive Angst vieler Bürger vor Überfällen, Einbrüchen und Gewalttaten ist eben nicht nur das Ergebnis »unverantwortlicher Panikmache«, sondern hat eine sehr reale Grundlage. Dazu kommt die objektiv vorhandene Gefahr terroristischer Anschläge, verbunden mit der Erkenntnis, dass die Grenzöffnung im Sommer 2015 zu einem partiellen Kontrollverlust der Behörden in Bezug auf Identität und Aufenthaltsort eingereister Flüchtlinge geführt hat. Auch die Überwachung bereits identifizierter »Gefährder« funktioniert nicht in allen Fällen, wie der Fall von Anis Amri zeigt, der am 23. Dezember 2016 einen gestohlenen Lkw in einen Berliner Weihnachtsmarkt steuerte, was zwölf Menschen das Leben kostete. Verschiedene Sicherheitsbehörden hatten Amri längst auf dem Schirm, phasenweise wurde er auch intensiv überwacht. Doch eine Mischung aus Kompetenzwirrwarr, Schlamperei und behördlichen Fehleinschätzungen führte schließlich dazu, dass die Überwachung zurückgefahren wurde und auch keine Inhaftierung erfolgte, was die entsetzliche Tat erst möglich machte.

Der Sexualmord an einer Studentin im Oktober 2016 in Freiburg ist ein weiteres Beispiel für die möglichen Folgen besagten Kontrollverlusts. Der Täter, ein afghanischer Flüchtling, war als unbegleiteter Minderjähriger nach Deutschland gekommen, obwohl er bereits 2014 eine Gewalttat in Griechenland verübt hatte und dort auch ein Jahr im Gefängnis saß. Glücklicherweise ohne schwerwiegende Folgen blieb ein weiterer Vorfall, ein Stück aus dem Tollhaus, das ein bezeichnendes Licht auf die verordnete »Wir schaffen das«-Mentalität wirft. Ohne arabische Sprachkenntnisse und ohne jeglichen Identitätsnachweis konnte sich ein Bundeswehroffizier als »syrischer Flüchtling« registrieren lassen und erhielt auch bald seine Anerkennung, einen Platz in einer Unterkunft und Sozialleistungen. Der Soldat – ein bekennender Neonazi – wollte diese Tarnexistenz zur Vorbereitung terroristischer Anschläge nutzen.

Die AfD verknüpft die Angst vieler Bürger vor steigender Kriminalität in erster Linie mit der Asylpolitik. Im Wahlprogramm heißt es: »Der Terroranschlag auf den Weihnachtsmarkt an der Berliner Gedächtniskirche war der vorläufige Tiefpunkt einer ganzen Serie von Ereignissen, die zeigen, dass es um unsere Sicherheit schlecht bestellt ist. Terror und Kriminalität sind keine Naturereignisse, die man kritiklos hinnehmen muss. Sie sind menschengemacht und haben Ursachen, die man bekämpfen kann. Genau das wollen wir tun. Der erhebliche Anteil von Ausländern gerade bei der Gewalt- und Drogenkriminalität begegnet derzeit nur halbherzigen ausländerrechtlichen Maßnahmen. Insbesondere können sich ausländische Kriminelle sehr häufig auf Abschiebungshindernisse berufen und sind auf diese Weise von Abschiebung verschont. Wir fordern daher: 1. Erleichterung der Ausweisung, insbesondere die Wiedereinführung der zwingenden Ausweisung bei ernstzunehmender Kriminalität; 2. Verhängung der Ausweisung bereits durch

die Strafgerichte; 3. Ermöglichung der Unterbringung nicht abschiebbarer Krimineller im Ausland aufgrund bilateraler Vereinbarungen mit geeigneten Staaten.«
Auch das ist zumindest diskutabel. Wie auch die Vorschläge für den effektiveren Einsatz der Polizei bei Fahndung und Prävention von Straftaten. Die AfD fordert unter anderem den Einsatz von Videoüberwachung mit Gesichtserkennungssoftware an kriminalitätsneuralgischen Plätzen und die Ausweitung der Möglichkeiten zur Auswertung von DNA-Spurenmaterial, um so zielgerichtete Fahndungsmaßnahmen erst möglich zu machen.

AfD als Tabubrecher

Gerade die Programmpassagen zur Flüchtlingspolitik, zum Islam und zur inneren Sicherheit dürften die »Altparteien« ins Mark treffen, weil die AfD dabei Fragen aufwirft, die in der jüngeren Vergangenheit von der »Wir schaffen das«-Einheitsfront weitgehend tabuisiert wurden – und in großen Teilen der Bevölkerung quer durch alle politischen Lagern umso drängender gestellt werden. Und sie bietet – teilweise recht grob gestrickte – Antworten an.
1.) Die AfD stellt den Zusammenhang zwischen der zeitweise unkontrollierten und unbegrenzten Zuwanderung und der Leistungsfähigkeit der deutschen Sozialsysteme heraus. Dabei geht es nicht nur um die unmittelbaren Kosten der Versorgung, Verwaltung und Unterbringung der Zuwanderer, sondern um zusätzlichen Druck auf die Verteilung begrenzter Ressourcen wie Wohnraum, frühkindliche und schulische Bildung, Fördermaßnahmen, Fortbildungen, öffentliche Infrastruktur und Arbeitsplätze. Dieser Konkurrenzdruck ist nicht nur objektiv vorhanden, sondern für

viele Menschen auch subjektiv erfahrbar, sei es bei der Wohnungssuche oder auf dem Arbeitsmarkt für einfache und prekäre Tätigkeiten. Oder – wie in Berlin – bei der teilweise weit mehr als ein Jahr andauernden Belegung von über 60 Turnhallen für die Flüchtlingsunterbringung. Denn diese Turnhallen waren damit dem Schul- und Freizeitsport entzogen. Die Liste ließe sich beliebig fortsetzen.

2.) Die AfD spricht eine simple Wahrheit aus, die bei allen anderen Parteien weitgehend tabuisiert ist. Sie weist darauf hin, dass unter den Zuwanderern junge Männer ohne erkennbare Integrationsperspektive deutlich überrepräsentiert sind und dies ein hohes Kriminalitätsrisiko beinhaltet. Ferner weist die AfD darauf hin, dass durch die unkontrollierte Zuwanderung die Gefahr terroristischer Anschläge beträchtlich gewachsen ist.

3.) Die AfD wendet sich nicht prinzipiell gegen Zuwanderung, sondern vor allem gegen eine Zuwanderung in den Sozialleistungsbezug. Vor allem will die Partei eine schärfere Grenzziehung zwischen politisch Verfolgten und Kriegsflüchtlingen auf der einen und Armutsflüchtlingen auf der anderen Seite. Und sie besteht auf einer flexiblen Obergrenze, die sich an jeweils aktuellen sozioökonomischen Aufnahme- und Integrationsfähigkeiten und vor allem an einer soziokulturellen Belastungsgrenze und der damit verbundenen Akzeptanz durch die Bevölkerung orientieren soll.

4.) Die AfD fordert in erster Linie die strikte und restriktive Anwendung bereits bestehender Gesetze und internationaler Vereinbarungen. Das betrifft vor allem die Abschiebung rechtskräftig abgewiesener sowie mit kriminellen Delikten in Erscheinung getretener Asylbewerber, aber auch die Rückführung von Asylbewerbern, die sich vor ihrem Eintreffen in Deutschland bereits in einem »sicheren Drittstaat« aufgehalten haben. Allerdings möchte die AfD den Verfas-

sungsrang des individuellen Grundrechts auf Asyl abschaffen und die Genfer Flüchtlingskonvention kündigen – ein Sprengsatz, über den an anderer Stelle dieses Buches noch zu reden sein wird.
5.) Die AfD lehnt die vor allem durch den früheren Bundespräsidenten Christian Wulff quasi zur Staatsraison erhobene These, der Islam gehöre zu Deutschland, rundweg ab. Sie stellt zwar die im Grundgesetz verankerte Religionsfreiheit nicht in Frage, betrachtet den »politischen Islam« und das ihm immanente Wertesystem aber als nicht vereinbar mit der hiesigen Gesellschaftsordnung und der gewachsenen Lebenskultur. Die AfD fordert, den Einfluss islamischer Staaten und ihrer Behörden auf die hiesigen muslimischen Gemeinden rigoros zu unterbinden und in allen gesellschaftlichen Bereichen säkulare Prinzipien gegen Ansprüche von Muslimen auf Sonderregelungen durchzusetzen.
6.) Der AfD gelingt es offensichtlich, alle anderen Parteien in diesen Fragen vor sich herzutreiben. Davon zeugen mehrere deutliche Verschärfungen des Asylrechts und das Bemühen um umfangreiche und vor allem schnellere Abschiebungen von Zuwanderern ohne Bleiberecht. Auch im Umgang mit dem politischen Islam und dabei vor allem mit dem vom türkischen Staat getragenen Moscheeverband Ditib deutet sich eine Kehrtwende an.
7.) Die AfD räumt dem Anspruch der Bürger auf Schutz vor Kriminalität einen sehr hohen Stellenwert ein. Sie ist nicht bereit, den individuellen »Selbstbestimmungsrechten« der Bürger in Bezug auf Fahndungs- und Überwachungsmaßnahmen einen generell höheren Stellenwert einzuräumen. Dabei bezieht sie sich nicht nur auf Flüchtlinge, sondern auch auf gewachsene kriminelle Strukturen, bei deren Bekämpfung der Staat in den vergangenen Jahren teilweise versagt hat.

Nationalstaat versus Globalisierung

Die Globalisierung wird in großen Teilen der Bevölkerung als bedrohlicher und kaum zu durchschauender Prozess empfunden. »Freier Handel« und frei floatende Finanzströme haben weltweit zu gigantischen ökonomischen und gesellschaftlichen Verwerfungen geführt. Es herrscht ein Gefühl der Ohnmacht gegenüber den mächtigen, oft anonymen Akteuren dieses Prozesses. Spekulationen einiger größer Geldhäuser haben 2008 fast zum Kollaps der Weltwirtschaft geführt. Auf europäischer Ebene kam dazu einige Jahre später die Euro-Krise, die nur mit riesigen Hilfspaketen und Rettungsschirmen zumindest temporär etwas eingedämmt werden konnte, unter anderem um den Preis einer »Nullzinspolitik«, die vor allem kleine Sparer trifft. Weitverbreitet ist der Eindruck, dass Deutschland große Teile seiner Souveränität an die Institutionen der EU abgegeben hat. Und das Mantra von den Chancen der Globalisierung beziehungsweise der fortschreitenden europäischen Integration klingt für viele Menschen wie blanker Hohn.

Auch daran knüpft die AfD erfolgreich an, indem sie dem Erhalt und der Stärkung des Nationalstaats und seiner souveränen Rechte einen zentralen Stellenwert einräumt. Das betrifft natürlich in erster Linie die Zuwanderungspolitik, aber auch der Euro und die europäische Integration in Richtung Zentralisierung spielen seit der Gründung der Partei eine wichtige Rolle.

Im Wahlprogramm heißt es dazu: »Deutschland muss die Transferunion aufkündigen und den Euroraum verlassen.« Die Währungspolitik der Europäischen Zentralbank zerstöre »alle kapitalgedeckten Alterssicherungssysteme von Betriebsrenten, über staatlich geförderte Rentensysteme, private Lebensversicherungen bis zu privaten Sparvermögen.

(...) Die durch die EZB-Politik verursachte ... Preisexplosion am Aktien- und Immobilienmarkt zerstört die Kaufkraft von nicht so schnell steigenden Einkünften, wovon insbesondere Arbeitnehmer und Rentner betroffen sind.« Der Euro sei »für ein Wirtschaftsgebiet mit völlig unterschiedlich leistungsfähigen Volkswirtschaften eine Fehlkonstruktion«. Die Gemeinschaftswährung könne »nur noch über permanente und weitgehend deutsche Haftungsübernahmen aufrechterhalten werden. Dies ist keine Basis für die gedeihliche Entwicklung der Volkswirtschaften der Euroländer. Die Folge ist eine dauerhaft hohe Arbeitslosigkeit im Süden Europas. Die Jugendarbeitslosigkeit liegt derzeit (Oktober 2016) in Spanien und Griechenland bei über 40 %, in Italien bei über 35 % und in Frankreich bei über 25 %. Es entwickeln sich ›verlorene Generationen‹.«

Aus dieser wohl auch aus »linker« Sicht sehr treffenden Analyse entwickelt die AfD eindeutige Forderungen: Keine Haftung für Fremdschulden, keine »Rettungsmaßnahmen« zugunsten einzelner Banken und Unternehmen, keine »EU-Wirtschaftsregierung« mit supranationalen Kompetenzen.

Darüber hinaus stellt die AfD aber auch den gesamten EU-Integrationsprozess in Frage und stellt ihm das Prinzip der »Freiheit und Selbstbestimmung der europäischen Nationen« entgegen. Diese hätten das Recht, »sich in souveränen Staaten zu organisieren. Als solche können sie völkerrechtliche Verbindungen eingehen und gemeinsame Interessen als Staatengemeinschaft wahrnehmen.« Durch die Verträge von Maastricht (1991) und Lissabon (2008) erhebe die EU aber den Anspruch »kontinentaler Staat zu werden, die existierenden, demokratischen Nationalstaaten werden in ihrer Funktion eingeschränkt bzw. dauerhaft zerstört. Es gibt weder ein europäisches Staatsvolk, das für ein solches Vorhaben konstitutiv wäre, noch ist erkennbar, dass sich ein solches auf absehbare Zeit herausbildet. Kulturen, Sprachen und nationale Identitäten sind durch Jahrhunderte dauernde geschichtliche Entwicklungen entstanden. Sie stellen für ihre Angehörigen unverzichtbare Identifikationsräume dar, die nur in nationalen Staaten mit demokratischer Verfassung wirkungsvoll ausgestaltet werden können. Nur hier kann Volkssouveränität gelebt werden, die Mutter und das Herzstück der Demokratie.«

Die AfD fordert zwar nicht den Austritt Deutschlands aus der EU, will sich diese Option aber offenhalten, wenn es in Verhandlungen nicht gelingt, den Verlust von Souveränitätsrechten rückgängig zu machen. Auch mit dieser Position kann die AfD sicherlich punkten, da das weitverbreitete Unbehagen über die EU und ihren zentralistischen Machtanspruch von den anderen Parteien weitgehend ignoriert wird.

Familie versus Genderpolitik

Dreh- und Angelpunkt des konservativen Gesellschaftsverständnisses der AfD ist die Familie in ihrer klassischen Form: Vater, Mutter und Kinder: »Die dramatische Zunahme der Ehe- und Kinderlosigkeit und das Verschwinden normaler mittelgroßer Familien – von den etablierten Parteien längst als alternativlos hingenommen – sorgen für eine Schrumpfung unserer angestammten Bevölkerung. (...) Wir wollen das Land unserer Väter und Mütter nicht irgendjemandem hinterlassen, der dieses Erbe verschleudert oder ausplündert, sondern unseren Nachkommen, denen wir unsere Werte vorgelebt und mitgegeben haben. Stabile Familien sind die Mitte und Grundlage jeder sich selbst erhaltenden Gesellschaft, in der Wohlstand und sozialer Frieden herrschen und Werte weitergegeben werden. (…) Familienpolitik soll deshalb den Maßstab für alle mit ihr verbundenen Politikfelder setzen, insbesondere für die Sozial-, Steuer- und Bildungspolitik. (…) Eine kinderfreundliche Gesellschaft und der Erhalt des Staatsvolks sind daher als Staatsziel ins Grundgesetz aufzunehmen. (…) Ehe, Familie, Haushaltsführung und Kindererziehung sollen in den Lehrplänen und Schulbüchern aller allgemeinbildenden Schulen (wieder) eine positive Berücksichtigung finden.«

Das klingt zunächst eher nach wertkonservativer Folklore als nach einem schlüssigen familienpolitischen Konzept. Und so bleibt die Partei in einigen Fragen auch eher vage. Zwar wird betont, dass »ungeborene Kinder ein Recht auf Leben« haben, dennoch will man Schwangerschaftsabbrüche zwar erschweren, aber nicht verbieten. Auch eingetragene gleichgeschlechtliche Lebenspartnerschaften und andere Lebensformen, die von der »Norm« abweichen, werden akzeptiert, sollen aber zum Beispiel in Schulen nicht »propagiert« werden dürfen.

Die konkrete Familienförderung liest sich dann wie ein kleines sozialpolitisches Füllhorn, welches sich kaum von den Forderungen anderer Parteien unterscheidet: Baby-Begrüßungsgeld, Steuernachlässe, Rentenboni und ein »Familiensplitting« bei der Besteuerung gehören ebenso dazu wie Eingliederungshilfen in den Arbeitsmarkt nach Elternzeit und die bessere Förderung pflegender Angehöriger.

Zur Familienideologie der AfD gehört allerdings auch, Alleinerziehende zu diskriminieren. Die Partei kritisiert in ihrem Programm die »bedingungslose Förderung Alleinerziehender« und fordert eine »Differenzierung, ob diese Lebenssituation schicksalhaft, durch Selbstverschulden oder auf Grund eigener Entscheidungen zustande gekommen ist«. Zwar möchte die AfD »Alleinerziehenden helfen, ein eigenverantwortliches Leben zu führen«, dies dürfe jedoch keinesfalls »als normaler ... Lebensentwurf propagiert« werden.

Klare Kante zeigt die AfD bei quasi ideologischen Grundfragen: »Gender-Ideologie marginalisiert naturgegebene Unterschiede zwischen den Geschlechtern und stellt geschlechtliche Identität in Frage. Sie will die klassische Familie als Lebensmodell und Rollenbild abschaffen. (...) Sie widerspricht sowohl den wissenschaftlichen Erkenntnissen der Biologie und der Entwicklungspsychologie als auch der lebenspraktischen Alltagserfahrung vieler Generationen.«

Gegen diese Ideologie will die AfD mit Verboten vorgehen. Auf der Streichliste stehen unter anderem die Finanzierung von Gender-Studies, Quotenregelungen für Frauen, Gleichstellungsbeauftragte »Propagandaaktionen wie den ›Equal Pay Day‹« und die »geschlechterneutrale Sprache«. Auch in den schulischen Lehrplänen soll aufgeräumt werden: »Eine einseitige Hervorhebung der Homo- und Transsexualität im Unterricht, wie sie die sogenannte ›Sexualpädagogik der Vielfalt‹ praktiziert, stellt einen unzulässigen Eingriff in die natürliche Entwicklung unserer Kinder und in das vom Grundgesetz garantierte Elternrecht auf Erziehung dar. Dadurch werden Kinder und Jugendliche meist gegen den Willen ihrer Eltern in ihrer sexuellen Identität verunsichert, überfordert und in ihren Schamgefühlen verletzt. Die AfD stellt sich daher allen Versuchen entgegen, durch staatlich geförderte Umerziehungsprogramme in Kindergärten und Schulen das bewährte, traditionelle Familienbild zu beseitigen.«

Das erfüllt natürlich die politischen Bedürfnisse einer bestimmten politischen Klientel, die sich in ihren Anschauungen von der »modernisierten« CDU nicht mehr vertreten sieht. Aber von einer Ächtung oder Verteufelung von Homosexualität ist in dem Programm nichts zu finden. Angesichts der in einer gleichgeschlechtlichen eingetragenen Partnerschaft lebenden neuen Spitzenkandidatin Alice Weidel und vielen offen auftretenden homosexuellen Frauen und Männern in der Partei wäre das auch kaum zu vermitteln.

Neoliberal, konservativ, links – für jeden etwas

Die weiteren Programmblöcke sind eine teilweise recht krude Mischung aus neoliberalen und konservativen Versatzstücken, angereichert mit einigen Forderungen, die auch im linken Parteienspektrum vertreten werden. Für die Akzeptanz dieser Partei dürfte dies aber nur eine untergeordnete Rolle spielen. Alle Untersuchungen zu Anhängern und Wählern der AfD kommen zu dem Schluss, dass die AfD in erster Linie von ihrem »Markenkern« lebt: Zuwanderung, Islam, innere Sicherheit, Demokratiedefizite, Protest gegen abgehobene Eliten, nationale Souveränität. Daher hier auch nur einige Aspekte der weiteren programmatischen Aussagen.
Leitgedanken für die Steuer- und Wirtschaftspolitik sind die Senkung der Abgabenquote und die Förderung und Entlastung des Mittelstands. Angepeilt wird – ohne nähere Erläuterung – ein transparentes und einfaches Steuersystem und eine »faire Unternehmensbesteuerung«. Der Grundfreibetrag soll auf das pfändungsfreie Einkommen angehoben werden, das Ehegattensplitting durch ein Familiensplitting ergänzt werden, das die Besteuerung auf alle Familienmitglieder verteilt. Ganz abschaffen will die AfD sowohl die Erbschafts- als auch die Vermögenssteuer.
In der Arbeitsmarktpolitik gibt sich die Partei ein eher »linkes« Profil. Für gesetzliche Mindestlöhne und gegen die

Ausweitung prekärer Beschäftigung. Für Leiharbeit und Werkverträge wird eine gesetzliche unternehmensbezogene Obergrenze von 15 Prozent gefordert. Nach sechs Monaten soll die Gleichstellung mit den Festangestellten erfolgen. Zeitarbeitsverträge dürfen nur einmal verlängert werden.

Das Programm zur Zukunft der Rente bleibt eher schwammig und enthält auch einige Widersprüche. So lehnt die AfD die Subventionierung der Sozialkassen durch schuldenfinanzierte öffentliche Mittel strikt ab, erklärt aber wenig später: »Es wird notwendig sein, die staatlichen Transferzahlungen aus allgemeinen Steuermitteln an die Rentenversicherung erheblich zu erhöhen, um die Beiträge der arbeitenden Menschen in erträglichen Grenzen zu halten.« Ferner sollen die Grundsicherungsleistungen für Rentner, die lange versicherungspflichtig gearbeitet haben, erhöht werden. Das soll auch für Erwerbslose gelten, die nach dem Bezug von Arbeitslosengeld I ins Hartz-IV-System rutschen.

Auch in den Bereichen Gesundheit und Pflege soll alles besser werden: mehr und besser bezahltes Personal, mehr Landärzte, bessere finanzielle Ausstattung der Krankenhäuser, ein verbindlicher Personalschlüssel für alle Pflegebereiche. Doch grundlegende Äußerungen zur Ausgestaltung der Kranken- und Pflegeversicherung sucht man vergebens. Und für die Finanzierung all dieser Wohltaten hat die Steuersenkungspartei AfD eine verblüffend einfache »Lösung«: »Die Finanzierung unseres Gesundheitswesens wird durch allgemeine politische Fehlentwicklungen bedroht: Die von den Kassen zu tragenden Kosten für Migranten, Flüchtlinge und Asylbewerber laufen aus dem Ruder, und durch die verfehlte Zinspolitik der europäischen Zentralbank können die kapitalgedeckten privaten Krankenversicherungen keine ausreichenden Rücklagen mehr bilden.« Und an anderer Stelle heißt es: »Unsere begrenzten Mittel stehen deshalb nicht für eine unverantwortliche Zuwanderungspolitik, wie sie sich kein anderes europäisches Land zumutet, zur Verfügung. (...) Unser Sozialstaat kann nur erhalten bleiben, wenn die geforderte finanzielle Solidarität innerhalb einer klar definierten und begrenzten Gemeinschaft erbracht wird.«

Ausgesprochen rückwärtsgewandt präsentiert sich die AfD in der Schulpolitik. Sie will das dreigliedrige Schulsystem (Hauptschule, Realschule, Gymnasium) erhalten und stärken und die Inklusion von behinderten Kindern in die Regelschule weitgehend abschaffen. Auch die schnelle Integration von schulpflichtigen Asylbewerbern wird abgelehnt. Vielmehr gelte es »diese auf das Leben nach der Rückkehr in ihr Herkunftsland vorzubereiten und die Zeit bis zur Rückkehr sinnvoll zu überbrücken«.

An anderer Stelle reibt man sich allerdings verwundert die Augen: »Die AfD lehnt den Einfluss von internationalen Konzernen, Stiftungen und anderen Lobbygruppierungen auf unser Bildungssystem und damit auf die Zukunftsfähigkeit Deutschlands ab. Eine Ökonomisierung und Globalisierung des deutschen Bildungswesens wird es mit uns nicht geben.« Das könnte so auch im Programm der LINKEN stehen.

Eher skurril wirken einige programmatische Aussagen zu Klimaschutz und Energiepolitik: »Kohlenstoffdioxid (CO2) ist kein Schadstoff, sondern eine unverzichtbare Voraussetzung für alles Leben. Die Aussagen des Weltklimarats (IPCC), dass Klimaänderungen vorwiegend menschengemacht seien, sind wissenschaftlich nicht gesichert.« Daher will die AfD alle Klimaschutzvereinbarungen kündigen, den nationalen Klimaschutzplan aufheben und den Ausstieg aus der Kohleverstromung sofort stoppen. Auch die Gesetze und Verordnungen zur Förderung erneuerbarer Energien und zur Energieeinsparung will die AfD streichen. Dagegen sollen die noch am Netz befindlichen Atomkraftwerke weiterlaufen. Die Windenergie wird in dem Programm als »energiepolitischer Irrweg, ökonomisch absurd und ökologisch kontraproduktiv« bezeichnet. Daher lehnt die AfD den weiteren Ausbau der Windenergie ab, »denn er bringt mehr Schaden als Nutzen«.

Ähnliches gilt für die Mobilität, wo sich die AfD gegen eine »ideologisch geleitete Verkehrspolitik, die bestimmte Verkehrsmittel bevorzugt oder diskriminiert« wendet und flächendeckende Tempolimits sowie Umweltzonen mit Fahrbeschränkungen kategorisch ablehnt. In der Wohnungspolitik setzt die AfD vor allem auf Eigentumsförderung, fordert die Senkung von Grund- und Grunderwerbssteuer und lehnt »planwirtschaftliche Eingriffe« wie die Mietpreisbremse ab.

Wie aus besten grünen Zeiten liest sich dagegen in Teilen der Programmteil zu Umwelt-, Natur- und Tierschutz, Verbraucherschutz und Landwirtschaft. Dazu ein paar Beispiele: »Der Schutz der Verbraucher ist für die AfD einer der zentralen Politikbereiche. Er ist eine Querschnittsaufgabe und umfasst eine verbraucherfreundliche Wirtschaftspolitik genauso wie Teile der Sozial-, Rechts-, Umwelt- und Gesundheitspolitik. Da die Verbraucherschutzpolitik heute in hohem Maß EU-gesteuert ist, will die AfD die Zuständigkeit für Verbraucherschutz nach Deutschland zurückholen. Die AfD möchte die Verbraucherorganisationen durch ausreichendes Stiftungskapital stärken, um ihre Unabhängigkeit zu erhalten. (...) Die AfD setzt sich für vermehrte Produktprüfungen durch Stärkung der Gewerbeaufsicht ein und fordert eine transparente Kennzeichnung von Lebensmitteln mit verbraucherfreundlichen, genauen Angaben zu Herkunft, Inhaltsstoffen und Qualität. (...) Die AfD setzt sich für eine mitfühlende und würdevolle Behandlung aller Tiere ein. Dies bezieht sich auf die Haltung, den Transport und die Schlachtung. (...) Die AfD steht zur Förderung von landwirtschaftlichen Familienbetrieben und Genossenschaften. Die Globalisierung bewerten wir im Bereich der Landwirtschaft kritisch. (...) Wir wenden uns gegen die negativen Auswirkungen eines weltweiten Preisdumpings zulasten von Umwelt, Mensch und Tier. Unsere landwirtschaftlichen Familienbetriebe müssen wieder in die Lage versetzt werden, von ihrem Einkommen den sozialen Standard ihrer Familien zu sichern und Investitionen für den Weiterbestand ihres Hofs zu tätigen.«

Auch der »rechte Flügel« wird bedient

Deutlich verschwurbelter wird es im Programmteil »Kultur und Medien«, der eindeutig die Handschrift des »patriotischen Flügels« der AfD trägt und sowohl inhaltlich als auch rhetorisch die Anschlussfähigkeit der Partei zu PEGIDA und ähnlichen Gruppen belegt. Doch auch hier kann man konstatieren, dass – von einigen, eindeutig konnotierten Schlagwörtern abgesehen – vergleichbare Positionen in noch nicht allzu ferner Vergangenheit auch in der CDU/CSU weitverbreitet waren oder immer noch sind. »Die AfD bekennt sich zur deutschen Leitkultur«, heißt es zur Eröffnung. »Diese fußt auf den Werten des Christentums, der Antike, des Humanismus und der Aufklärung. Sie umfasst neben der deutschen Sprache auch unsere Bräuche und Traditionen, Geistes- und Kulturgeschichte.« Demgegenüber stehe »die Ideologie des ›Multikulturalismus‹«, die alle diese kulturellen Errungenschaften gefährde: »Multi-Kultur ist Nicht-Kultur oder Parallelität von Kulturen und damit Ausdruck von Parallelgesellschaften, die stets zu innenpoli-

tischen Konflikten und zur Funktionsunfähigkeit von Staaten führen.« Die AfD sieht einen »in Europa bereits stattfindenden Kulturkampf zwischen Abendland und dem Islam als Heilslehre und Träger von nicht integrierbaren kulturellen Traditionen«. Diese Gefahr könne nur »durch ein Bündel von defensiven und restriktiven Maßnahmen, die eine weitere Zerstörung der europäischen Werte des Zusammenlebens aufgeklärter Bürger verhindern«, abgewendet werden. Die AfD werde »nicht zulassen, dass Deutschland aus falsch verstandener Toleranz sein kulturelles Gesicht verliert«.
Da die Nationalsprache »das Herz einer Kulturnation« sei, dürfe es »an deutschen Schulen kein Zurückweichen des Deutschen vor Einwanderersprachen geben«. Mit Sorge beobachte die AfD, »wie die deutsche Sprache in Wissenschaft und Wirtschaft zunehmend durch das Englische ersetzt wird, und will dem mit gezielten Fördermaßnahmen entgegenwirken. Auch ›politisch korrekte‹ Sprachvorgaben lehnen wir entschieden ab, weil sie einer natürlichen Sprachentwicklung entgegenstehen und die Meinungsfreiheit einengen.« Die Ablehnung der nicht weiter definierten »politischen Korrektheit« taucht in dem Programmteil noch mehrere Male auf. Für die Kultur verlangt die AfD »Förderlinien, die der Bewahrung des kulturellen Erbes oder dessen würdiger Fortschreibung dienen. Für ›politisch korrekte‹ Kunst und Kultur darf es keine staatlichen Anreize geben.« Später heißt es: »Die aktuelle Verengung der deutschen Erinnerungskultur auf die Zeit des Nationalsozialismus ist zugunsten einer erweiterten Geschichtsbetrachtung aufzubrechen, die auch die positiv identitätsstiftenden Aspekte deutscher Geschichte mit umfasst.« Von diesen offenen Scheunentoren für völkische und rassistische Anschauungen wird im Schlusskapitel des Buches noch zu reden sein.
Auch im trüben Teich der »GEZ-Gegner« fischt die AfD:

»Die AfD fordert die Abschaffung des geräteunabhängigen Rundfunkbeitrags« sowie eine »Verschlankung« (keine Abschaffung) des öffentlich-rechtlichen Medienangebots. »Ein bundesweites Vollprogramm (Fernsehen/Hörfunk) ist ausreichend, um den Auftrag eines unabhängigen öffentlich-rechtlichen Rundfunks zu erfüllen.« Daher seien die Rundfunkstaatsverträge zu kündigen. Und auch dieses soll in das System des Bezahlfernsehens integriert werden: »Das Angebot wird überwiegend verschlüsselt/passwortgeschützt, sodass nur noch freiwillige Zahler Zugang haben.«

AfD: Eine »Reformpartei neuen Typs«

Teilweise liest sich das AfD-Wahlprogramm wie ein »Best of« aus 50 Jahren westdeutscher Politikgeschichte. Es finden sich unzählige Bezugspunkte zu früheren programmatischen Aussagen der anderen Parteien. Und es zeigt sich, dass die traditionelle Einordnung in das »Links-Rechts-Schema« nicht so ohne weiteres funktioniert. Der linke Publizist Rainer Balcerowiak (unter anderem regelmäßiger Autor bei *Neues Deutschland*) bezeichnet die AfD in seinem im Februar 2017 erschienenen Buch *Die Heuchelei von der Reform*[40] als »Reformpartei neuen Typs«. Auf der einen Seite geriere sich die Partei extrem konservativ »zwischen Rassismus, Marktradikalität und dumpfer gesellschaftlicher Antimoderne«. Als Beleg führt Balcerowiak einige Forderungen auf:

- Strafmündigkeit schon ab dem 12. Lebensjahr.
- Erleichterte Verhängung von Sicherheitsverwahrung für Straftäter

- Keine Inklusion behinderter Kinder an Regelschulen
- Abschaffung des individuellen Asylrechts in seiner bisherigen Form
- Keine Einbürgerung von Kindern mit nicht mindestens einem deutschen Elternteil
- Ausstieg aus der Energiewende, Weiterführung der Atomkraft, dauerhafte Sicherung der Kohleverstromung
- Verbot von Frauenquoten
- Verankerung der (Hetero)-Ehe mit Kindern als gesellschaftliches Leitbild, keine Werbung für andere Lebensformen in Schulen.

»Ein interessanter Katalog«, meint Balcerowiak. Zumal er fast ausschließlich aus Forderungen bestehe, »die CDU und CSU vor einiger Zeit noch vertreten haben und die an ihren Rändern noch heute vertreten werden«.
Auf der anderen Seite vertrete die AfD auch Positionen, »die gemeinhin als fortschrittlich gelten und so oder so ähnlich auch in den Programmen der Parteien des vermeintlichen rot-rot-grünen Reformlagers (dessen Existenz der Autor bestreitet, Anm. d. Verf.) auftauchen könnten und teilweise Gegenstand großer Protestbewegungen waren«. Als Beispiele nennt Balcerowiak:

- Verbot von Handelsverträgen, die Souveränitätsrechte einschränken
- Strenge Umwelt- und Schadstoffprüfungen, besonders für Textilien und Kinderspielzeug
- Privatisierung kommunalen Eigentums nur nach Bürgerentscheiden
- Kennzeichnung gentechnisch veränderter Lebensmittel
- Vorrang für Erhalt von Straßen und Schienen statt neuen Großprojekten

- Förderung gemeinnütziger Wohnungsbaugenossenschaften
- Höherer Selbstbehalt für Zuverdienste bei Hartz-IV-Beziehern
- Volksabstimmungen auch auf Bundesebene.

Das ändere zwar nichts an der neoliberalen und reaktionären Grundausrichtung dieser Partei. Dennoch sollten »diese Programmbausteine eigentlich ausreichen, um zumindest gravierende Zweifel an der Lagertheorie in Bezug auf geforderte Reformen zu schüren«, so Balcerowiak.

Biedermann und die Brandstifter

Es gibt kaum etwas Verlogeneres und Dümmeres als den von vielen Seiten geforderten »Schulterschluss der demokratischen Kräfte gegen die AfD«. Denn das wäre der Schulterschluss mit denjenigen, die für Kriege und Hunger in der Welt unmittelbare oder Mitverantwortung tragen und die die Weichen für massenhafte soziale und soziokulturelle Ausgrenzung in Deutschland gestellt haben.

Der Aufstieg der AfD und ihr erfolgreiches »Wildern« in den klassischen Potentialen der anderen Parteien ist in erster Linie Ergebnis einer jahrzehntelang dominierenden neoliberalen Politik, die Menschen und ihre Wünsche und Sorgen entweder nicht wahrnimmt oder sie nur unter dem Gesichtspunkt der Marktkompatibilität betrachtet. Die Funktionseliten des Neoliberalismus werden dabei als abgehobene und abgeschlossene Kaste wahrgenommen. Wer selber nichts hat oder Angst hat, das wenige, was er hat, auch noch zu verlieren, wird entweder apathisch oder wütend. Wer große Strukturveränderungen, die auch tief in die persönlichen Lebensumstände eingreifen (oft auch »Reformen« genannt) seit Jahren und Jahrzehnten als »alternativlos« verordnet bekommt, ist irgendwann für diese Spielart der »demokratischen Willensbildung« nicht mehr ansprechbar. Und wer besonders im Osten Deutschlands erleben muss, wie aus einer sozialen Protestpartei (PDS/DIE LINKE) allmählich ein integraler Bestandteil dieses Systems wird, ist für einfache, griffige Losungen, die an seiner Lebenswirklichkeit anknüpfen, sehr empfänglich.

In diesem Vakuum hat sich die AfD erfolgreich etabliert. Und sie steht damit in Europa nicht allein, denn EU-Zentralismus, Strukturreformen, die Entfernung der Eliten vom

»einfachen Volk« und nicht zuletzt die Flüchtlingskrise und das – lange Zeit tabuisierte – Unbehagen gegenüber dem Islam haben auch in anderen Ländern partiell vergleichbare Bewegungen erstarken lassen.

Der AfD ist es – ähnlich wie dem Front National in Frankreich – gelungen, sich als einzige Opposition gegen »die da oben« zu positionieren. Sie stellt den bleiernen herrschenden Konsens in einigen Punkten radikal in Frage. Allerdings bei weitem nicht in allen wichtigen Punkten, denn ihre Vorstellungen zur Wirtschafts-, Steuer- und Sozialpolitik sind größtenteils eher eine Art nationale Variante des globalen Neoliberalismus als ein Gegenmodell dazu.

Die AfD hat die bundesdeutsche Parteienlandschaft trotz mehrerer schwerer innerparteilicher Krisen binnen kurzer Zeit gründlich aufgemischt. Sie zwingt die anderen Parteien, sich mit ihren, in großen Teilen der Gesellschaft auf beträchtliche Resonanz stoßenden Positionen auseinanderzusetzen. Sie verweigert sich (noch) der Anbiederung an den politischen Mainstream zwecks Regierungsbeteiligung.

Das alles ist nicht nur legitim, sondern in Bezug auf die politische (Un-)Kultur in Deutschland sogar ausgesprochen notwendig und begrüßenswert. Unkontrollierte Zuwanderung, die Ausbreitung des Islam nicht als Religion, sondern als Herrschaftsideologie oder die »Rettung« des Euro sind eben nicht »alternativlos«. Die Forderung nach besserem Schutz vor Kriminalität und terroristischen Gefahren ist ebenso richtig und nachvollziehbar wie der Wunsch nach einer kollektiven kulturellen Identität, die sich auch auf die Nation beziehen kann. Und das mit dem Wunsch nach mehr Einbeziehung mit Mitbestimmung verbundene Misstrauen gegen Politik-, Wirtschafts- und Funktionseliten ist nur allzu berechtigt.

Analysen, Forderungen und Positionen sind nicht automatisch falsch, wenn sie von der »falschen« Partei kommen. Und die gern und lautstark geschwungene Rassismus- oder gar Neofaschismus-Keule gegen die AfD als Ganzes ist eher Ausdruck von Hilflosigkeit, Denkfaulheit und moralischem Überlegenheitsgestus, als von dem Willen zur ernsthaften Auseinandersetzung mit den aufgeworfenen Fragen geprägt. Schon ein oberflächlicher Blick auf die Sozialstruktur und die politische Sozialisation eines Großteils der AfD-Anhänger macht deutlich, dass das wohl kaum alles sozial abgehängte, strunzdumme Nazis und militante Rassisten sein können.

Gefährliches Spiel mit Ressentiments

Dennoch wäre es verfehlt, die AfD als »normale« demokratische Partei einzuschätzen, die einfach das von anderen Parteien weitgehend aufgegebene Terrain wert- und nationalkonservativer Anschauungen erfolgreich besetzt hat. Denn sowohl Teile der Programmatik als auch öffentliche Auftritte führender Vertreter und die auf Einbindung offen völkischer, rassistischer und demokratiefeindlicher Strömungen ausgerichtete Bündnispolitik machen deutlich, dass sie sich eben nicht nur gegen die »Systemparteien« und deren Politik richtet, sondern partiell auch gegen den Grundwertekanon einer demokratisch verfassten Gesellschaft. Dazu einige Thesen, die auf den vorangegangenen Kapiteln basieren.

1.) Wenn es bei den Bundestagswahlen richtig gut für die AfD läuft, dann wird sie rund 10 Prozent der abgegebenen Stimmen erhalten. Bei einer Wahlbeteiligung von – optimistisch geschätzt – vielleicht 75 Prozent hätte sie also das Mandat von 7,5 Prozent der Wahlberechtigten. Dennoch formuliert die AfD den Anspruch, quasi die einzige Partei zu sein, die »das Volk« repräsentiert. Was im Umkehrschluss bedeutet, dass all diejenigen, die ihre Positionen nicht teilen, nicht zum »Volk« gehören beziehungsweise dessen Feinde sind. Ein demokratischer Diskurs ist auf dieser Basis nicht möglich.

2.) Die AfD beansprucht – obwohl sie offensichtlich als Partei nur eine Minderheit repräsentiert – die alleinige Deutungshoheit für alle wichtigen gesellschaftlichen Fragen und beruft sich dabei auf eine Art übergeordnetes Naturrecht des »deutschen Volkes« und seiner »gewachsenen Kultur«. Dabei werden auch Grundwerte der Verfassung in Frage gestellt, besonders das Diskriminierungsverbot, welches sich unter anderem auf Geschlecht, ethnische Herkunft, Religion und sexuelle Orientierung bezieht.

3.) Die AfD bedient über berechtigte Zweifel an der Flüchtlingspolitik und an der Rolle des Islam hinaus gezielt dumpfe Ressentiments. In ihrem Programm (und bei öffentlichen Auftritten) werden nahezu alle Fehlentwicklungen und sozialen Schieflagen der bundesdeutschen Gesellschaft auf den Zustrom von Flüchtlingen zurückgeführt: egal ob marode Schulen, das Gesundheitswesen, die Kriminalität, die Abkoppelung ganzer Städte und Regionen von der wirtschaftlichen und soziokulturellen Entwicklung oder die Sozialsysteme. Dazu kommt, dass die AfD das »deutsche Volk« als eine Art Bluts- und Schicksalsgemeinschaft definiert, die sich abschotten und verteidigen muss. Mit Vokabeln wie »Überfremdung«, »Umvolkung«, »Invasion« bedient sie gezielt niedere Instinkte und macht sich zum Stichwortgegner für die pauschale Ablehnung von allen »Fremden« bis hin zu schwerstkriminellen Übergriffen auf Flüchtlinge.

4.) Auch bei der Ablehnung des Islam geht es der AfD nicht um die Auseinandersetzung mit falsch verstandener Toleranz und bewusster Frontstellung vieler Muslime gegen das demokratische Gemeinwesen, sondern um pauschale Ausgrenzung. Damit wird ein dringend notwendiger Diskurs über die Rolle des Islam in Deutschland und Maßnahmen gegen islamistische, demokratiefeindliche Anschauungen und Strukturen nicht befördert, sondern eher verhindert.

5.) Die AfD toleriert in ihrer Organisation und in ihrem Bündnisumfeld sowohl die Relativierung der Verbrechen des NS-Regimes als auch die Verwendung von eindeutig neofaschistisch konnotiertem Vokabular. Mit ihrem Schlachtruf von der »politischen Korrektheit«, die es zu überwinden gelte, wird jeglicher Form der Denunziation, der Beleidigung und Herabwürdigung andersdenkender und -lebender Menschen bewusst Vorschub geleistet. Ein oberflächlicher Blick in einschlägige Internet-Foren der AfD und ihres Umfelds reicht aus, um zu sehen, welch unglaubliche sprachliche und gedankliche Verrohung dort mittlerweile Einzug gehalten hat.

6.) Für ihr Gesellschaftsbild konstruiert die AfD verschwörungstheoretisch ein quasi allmächtiges, gleichgeschaltetes Kartell »der Eliten gegen das Volk«. Darunter wird willkürlich alles subsumiert, was die eigenen Anschauungen nicht teilt, also nicht nur die anderen Parteien, das internationale Finanzkapital und europäische Institutionen, sondern auch Gewerkschaften, Kirchen, Kulturschaffende, Wissenschaftler, NGOs und vor allem die »Systemmedien«. Auch dabei geht es der Partei nicht um notwendige, aufklärerische Debatten über die Verquickung von Politik, Wirtschaft und Medien, sondern um das Schüren pauschaler Ressentiments mit dem Ziel der Immunisierung der eigenen Zielgruppe gegen jeglichen rationalen Diskurs.

7.) Mit dem »Volk gegen Eliten«-Konstrukt blendet die AfD die zentralen gesellschaftlichen Widersprüche aus. Die soziale Marginalisierung von Millionen Menschen durch Erwerbslosigkeit, prekäre Beschäftigung, explodierende Mieten, drohende Altersarmut, fehlende Bildungschancen und allgemein schlechtere Lebensbedingungen wird kaum thematisiert. Und wenn doch, dann wird nicht etwa die kapitalistische Gesellschaftsordnung, sondern die Flüchtlings- und Zuwanderungspolitik als vermeintliche Ursache benannt. Dazu passt, dass die Vermögensverteilung, die immer weiter auseinandergehende Schere zwischen Arm und Reich in Deutschland, von der AfD überhaupt nicht thematisiert wird. Im Gegenteil: Die Partei will Erbschafts- und Vermögenssteuern komplett abschaffen.

Dennoch: Die AfD gehört zu Deutschland

Die AfD ist kein Alien, der uns aus einer fernen Galaxie aufsucht. Sie repräsentiert über die Tagespolitik hinaus eine sehr heterogene Strömung, die sich im Widerspruch zur herrschenden Politik und zu einigen gesellschaftlichen Entwicklungen sieht. Elemente dieser Strömung sind eine eher diffuse »Antimoderne«, der Wunsch nach nationaler Souveränität, kultureller Identität und Harmonie, das Gefühl der Bedrohung sowohl durch Zuwanderung als auch durch abgehobene Eliten und die Angst vor sozialem Abstieg. Unbestreitbar ist, dass die noch sehr junge Partei eine offene Flanke in Bezug auf offen rassistisches und neofaschistisches Gedankengut hat.

Die Existenz dieser Strömung war und ist von der Existenz der AfD zunächst einmal unabhängig. Sie hat es auch zuvor in der Gesellschaft gegeben, auch in vergleichbarer Größenordnung. Sie hat aber in dieser Partei – besonders befeuert durch die Flüchtlingskrise – eine durchaus massenkompatible Plattform gefunden, was sich in beträchtlichen Erfolgen bei Wahlen manifestiert. Sie ist dadurch sichtbarer geworden – und auch bedrohlicher. Allerdings ist nicht auszuschließen, dass die AfD, wenn sie die Grenzen ihres Wachstums erreicht hat (was bereits jetzt der Fall sein könnte), an ihrer Heterogenität und am Erwartungsdruck ihrer Anhänger scheitert und möglicherweise zerfällt.

Doch jetzt ist sie da. Und sie stellt alle Menschen, die ihr enges, teilweise reaktionäres und extrem nationalistisches Weltbild nicht oder nicht in Gänze teilen, vor eine wichtige Aufgabe: Wie schaffen wir es, einen vernünftigen, offenen Diskurs über die drängenden gesellschaftlichen Gegenwarts- und Zukunftsprobleme Deutschlands in Gang zu bringen. Und zwar auch über Fragen, die wehtun, zum Beispiel zur Zuwanderung, zur EU-Integration oder zum Islam. Und das alles auch noch unter Verzicht auf vermeintlich unumstößliche Gewissheiten.

Die AfD zwingt uns, diese Aufgabe zu lösen. Wenn wir das schaffen, ist sie überflüssig.

Quellen

1 Auf: http://www.faz.net/aktuell/wirtschaft/protestaufruf-der-offene-brief-der-oekonomen-im-wortlaut-11810652.html.
2 Auf: https://pastebin.com/embed_iframe/jQujwe89.
3 Auf: http://www.spiegel.de/politik/deutschland/afd-alexander-gauland-sieht-fluechtlingskrise-als-geschenk-a-1067356.html.
4 Auf: http://www.mdr.de/sachsen-anhalt/landespolitik/poggenburg-eklat-landtag-100.html.
5 Auf: http://www.zeit.de/kultur/2016-09/frauke-petry-afd-voelkisch-volk-begriff-geschichte.
6 Auf: https://juergenelsaesser.wordpress.com/2016/12/22/21-dezember-trauer-und-wut-in-berlin-bilanz-eines-denkwuerdigen-abends/.
7 Auf: http://www.tagesspiegel.de/medien/luegenpresse-warum-verlieren-medien-an-glaubwuerdigkeit/12691124.html.
8 Auf: http://www.spiegel.de/netzwelt/web/deutschland-luegenpresse-ist-keine-medienkritik-kolumne-a-1123778.html.
9 Ebd. Und auf: http://www.auswaertiges-amt.de/DE/Infoservice/Presse/Reden/2014/141115_Rede_BM_anl%C3%A4sslich_Verleihung_Lead_Awards.html.
10 Auf: http://www.spiegel.de/netzwelt/web/deutschland-luegenpresse-ist-keine-medienkritik-kolumne-a-1123778.html.
11 Auf: http://www.deutschlandfunk.de/die-gefuehlte-wahrheit-postfaktisch-wort-des-jahres-2016.1148.de.html?dram:article_id=373840.
12 Ebd.
13 Auf: http://www.sueddeutsche.de/wirtschaft/armut-in-deutschland-regierung-strich-heikle-passagen-aus-armutsbericht-1.3295247.
14 Auf: http://www.u-n-d.info/anzeige.php?p=TOTALITARISMUS&a=Das%20Totalitarismusmodell%20Hannah%20Arendts.
15 Auf: http://www.1000dokumente.de/index.html?c=dokument_de&dokument=0080_nol&object=facsimile&l=de.
16 Auf: http://www.haz.de/Nachrichten/Politik/Deutschland-Welt/AfD-Parteitag-in-Stuttgart.

17 Auf: https://www.afdbayern.de/partei/ist-die-afd-rechts/.

18 Auf: http://www.wiwo.de/politik/deutschland/afd-chef-bernd-lucke-nazi-vergleiche-haben-mich-sehr-getroffen/9136760-4.html.

19 Auf: https://afdviersen.wordpress.com/2014/09/01/afd-in-sachsen-frauke-petrys-leitbild-ist-rechte-demokratische-politik/.

20 Auf: https://www.alternativefuer.de/wp-content/uploads/sites/111/2017/02/151205-AfD-Bundessatzung-vom-29.11.2015_final.pdf.

21 Auf: https://www.afd.de/wp-content/uploads/sites/111/2017/01/2016-06-27_afd-grundsatzprogramm_web-version.pdf.

22 Auf: https://www.welt.de/politik/deutschland/article150111844/AfD-Vorstand-distanziert-sich-von-Bjoern-Hoecke.html.

23 Auf: http://www.spiegel.de/politik/deutschland/afd-wohnung-und-kanzlei-von-dubravko-mandic-durchsucht-a-1116713.html.

24 Auf: http://www.deutschlandfunk.de/afd-kundgebung-in-erfurt-wenn-wir-kommen-wird-aufgeraeumt.1773.de.html?dram:article_id=335345.

25 Auf: https://oxiblog.de/wer-waehlt-die-afd/.

26 Auf: http://www.deutschlandfunk.de/eine-soziologische-analyse-der-afd-waehler-das-unbekannte.724.de.html?dram:article_id=360821.

27 Vgl.: Christian Baron: *Proleten, Pöbel, Parasiten. Warum die Linken die Arbeiter verachten.* Das Neue Berlin 2016.

28 Auf: http://www.sueddeutsche.de/kultur/frankreich-die-linke-muesste-meine-eltern-ansprechen-ohne-soziorassistisch-zu-sein-1.3469363.

29 Auf: http://www.zeit.de/politik/ausland/2013-05/protestparteien-europa-antieuro/seite-6.

30 Auf: http://www.wiwo.de/politik/deutschland/afd-am-scheideweg-die-afd-ist-ins-falsche-licht-geraten/11270148-2.html.

31 Auf: http://www.faz.net/aktuell/politik/inland/f-a-z-exklusiv-die-afd-ist-die-partei-der-abgehaengten-14488662.html?GEPC=s46.

32 Auf: http://www.stern.de/politik/deutschland/afd-eine-partei-der-abgehaengten--neue-studie-widerspricht-7219754.html.

33 Auf: http://www.faz.net/aktuell/wirtschaft/iw-studie-afd-anhaenger-gehoeren-zur-mitte-der-gesellschaft-14931219.html.

34 Auf: https://oxiblog.de/wer-waehlt-die-afd/.

35 Auf: http://www.morgenpost.de/berlin/article132721364/SPD-Querdenker-Thilo-Sarrazin-lobt-die-AfD.html.

36 Auf: http://www.bz-berlin.de/berlin/thilo-sarrazin-haetten-die-auf-mich-gehoert-gaebe-es-keine-afd.

37 Auf: https://www.welt.de/politik/deutschland/article154983466/Sarrazin-wendet-sich-gegen-Anti-Islam-Kurs-der-AfD.html.

38 Auf: https://www.facebook.com/Dr.Frauke.Petry/videos/1446792725373370/.

39 Siehe auf: https://www.afd.de/wp-content/uploads/sites/111/2017/05/2017-05-15_AfD-Bundestagswahlprogramm_Onlinefassung-2.pdf.

40 Rainer Balcerowiak: *Die Heuchelei von der Reform. Wie die Politik Meinungen macht, desinformiert und falsche Hoffnungen weckt.* edition berolina 2017.